아시아지역학의 이해

아시아지역학의 이해

대한아시아지역학연구회 지음

아시아지역학을 연구하는
모든 학자에게 이 책을 바칩니다

아시아지역학을 소개하다

현대 사회가 복잡해지면서 여러 학문 역시 그러한 시대적 변화에 따라 다양한 형태로 변화 및 발전하고 있다. 우리나라도 이러한 흐름에 따라 다양한 학문이 현 시대적 상황과 수요에 따라 적극적인 변화를 모색하고 있다.

그러나 그러한 학문적 변화가 다양한 형태로 이루어지더라도 그 학문의 근간과 기반은 서구에서 넘어온 것임을 부정할 수 없다. 이는 우리나라를 비롯한 아시아 국가들이 서구에 비해 상대적으로 과학적 탐구의 발달이 더디면서 서구의 과학적 분석법에 근거한 학문 체계에 편입될 수 없는 역사적 현실에서 강하게 기인한 것이다.

그 상황 속에서 아시아는 비록 과거에는 서구 열강에 의해 식민 지배를 받았지만, 그 역경을 극복하면서 현재 가장 많은 인구와 경제력을 가지고 21세기의 가장 주요한 대륙으로 떠오르고 있다.

이러한 역사적 배경과 현대의 상황이 맞물리면서 아시아에 관한 연구는 상당히 증가하고 있으나 그 학문적 잣대가 대부분 서구에 의한 기성적인 것이므로 한계를 드러내고 있다.

그러므로 '아시아인에 의한 아시아에 관한 연구'라는 전제 위에서 아시아의 특유한 상황을 정확히 파악한 학문적 기반 위에서 올바른 연구의 필요성이 태동하였다. 이것이 바로 우리가 소개하고자 하는 '아시아지역학1)'이다.

---

1) 영문명 : Integrated Studies in Asian Area

초기의 아시아지역학 탄생에 있어서는 서구에 비해 학술적으로 밀리고 식민 지배를 당한 과거의 치욕을 극복하자는 여러 학자들의 감정적 정서에 기인하였지만 학술적 고도화는 아시아 경영학자들의 헌신 속에서 경영학적 이론을 통해 아시아의 특유성을 찾아가면서 이루어졌고 개별 학문으로의 완전한 독립은 아시아의 주목도가 상승하고 다양한 영역에서 영향력을 미치는 현재 상황에 근거한 공리적 이익에 관심을 가진 이들의 지원을 통해 물질적 토대를 단단히 구축하여 그것을 이룰 수 있었다. 또한 이러한 지원을 끌어낸 것도 경영학자들이 구축한 여러 기반을 사용할 수 있었기 때문이기도 하다.

한편 우리가 소개하려는 아시아지역학은 위에서 언급한 것처럼 경영학자들에 의해 주도되었고 현재까지도 경영학자들이 상당한 영향력을 미치고 있다. 그렇기에 우리는 본 저서를 저술하면서 경영학의 이론을 많이 참고하였음을 밝힌다.

그러나 경영학의 하위 학문으로 아시아지역학이 평가받거나 특정 지역학으로 분류되지 않는 것은 위에서 언급한 아시아만의 특유성을 찾아서 학문으로 발전하였기 때문이다. 이는 경영학의 여러 이론적 토대를 가지고 왔지만, 그것을 아시아의 특유성과 조화하면서 정치학을 비롯한 다른 여러 학문을 흡수하고 독창적으로 발전시켰기 때문이다.

우리는 이러한 학문적 흐름 속에서 아시아지역학에 대한 발전을 대한민국이 선도하여 그 학문 속에서 주류적 입장에 설 수 있도록 학술적 발전을 기울이고자 본 저서를 저술하였다.

이러한 아시아지역학은 앞에서 설명한 것처럼 다시 한번 강조하지만 이미 현재의 아시아의 인구나 면적으로 대표되는 양적인 측면과 다른 대륙과 달리 오랜 기간 응축된 아시아만의 특유성으로 대표되는 질적인 측면을 모두 보면 단순히 지역학이나 경영학의 학위 학문이 아니라 독자적 학문으로써 자리매김할 조건은 모두 갖추었고 이미 개별 학문으로 완벽하게 독립되어 안정적으로 생존 및 발전하고 있다.

본 저서가 다소 조속히 발행되는 과정에서 미진한 부분이 있다. 다만 그러한 한계에도 본 저서가 작은 초석의 역할을 하여 아시아지역학이 국내에서 더욱 발전하는 데 조금이나마 기여가 되길 소망한다.

아울러 저서의 기획에 도움을 주신 분들에게도 이 지면을 빌려서 감사의 말씀을 전해드린다.

2023년 5월
대한아시아지역학연구회 일동

목차

제1장

아시아지역학의 탄생과 발전

아시아지역학의 정의

아시아지역학은 '아시아 지역을 대상으로 한 학술 연구로 아시아만의 근본적이고 독창적인 특수성과 보편성을 통한 법칙과 현상을 발전하는 학문'을 의미한다.

즉, 단순한 지역학이나 경영학의 하위 학문이 아닌 아시아 지역을 대상으로 하는 모든 학문적 행위의 집합이나 대개 자연과학은 극히 일부 이론을 제외하고는 포함하지 않으며 인문학과 사회과학적 행위만 포함하나 인문학은 보조적 영역에 국한하므로 주로 사회과학에 해당하는 영역을 중심으로 한다.

이는 자연과학의 경우 자연 세계에 관한 탐구를 대상으로 하므로 특정 지역의 영향이 덜하고 보편적인 자연법칙에 관해 탐구하는 것을 목적으로 하므로 지역의 구분이 무의미하여 제외하는 편이다.

다만, 한국의 한의학이나 중국의 중의학처럼 자연과학이지만 아시아 전체나 특정 지역의 영향을 깊게 받아 독자적으로 발전한 학문의 경우 아시아지역학의 연구에 포함한다. 이는 비록 자연과학이지만 아시아의 영향력에 대해 알 수 있으므로 충분히 연구의 대상이 되기 때문이다.

아시아지역학의 태동

아시아지역학의 탄생에 대해 살펴보면 정밀한 학술적 배경이 아닌 개별 국가의 민족적 감정에서 기인한 것임을 알 수 있다.

이는 아시아가 다른 대륙에 비해 다양한 인구와 문화를 가지고 있고 문명의 형성 수준도 고대에는 서구보다 훨씬 높은 수준을 구가하였으나 서구에 과학 발전 수준이 밀리고 경제력의 격차가 생기면서 대부분의 아시아 국가가 서구 열강에 식민 지배를 당한 역사에서 살펴볼 수 있다.

이러한 식민 지배의 역사는 개별 국가에 민족적 치욕을 느끼게 한 것이며 식민 지배 과정에서 서구 열강이 자행한 여러 굴욕적인 행위나 관습의 강요는 아시아 지식인들에게 상당한 심리적 반감과 반작용을 불러일으켰고 이는 서구의 학문에 대한 무분별한 수용에 대해 초보적인 회의를 하게 되었다.

특히 식민 지배라는 것은 근본적으로 국가 경영의 실패로 인한 것이고 그 결과를 모든 국민이 감수하게 됨으로써 학자가 아닌 일반적인 사람들도 물리적 여러 방면의 고통을 겪게 되었다. 이는 지식인층을 넘어 일반 대중까지 서방에 대한 반감이 확산하는 계기가 되었으며 개별 사람들 뇌리에 반감이 관념적으로 자리 잡게 되었다.

그러나 이러한 반감을 지식인과 대중 모두가 공유하게 되었지만, 서구가 아시아보다 높은 경제력을 가지고 있었으므로 식민지 해방 이후에는 독자적으로 경제 운용을 해야 하므로 국가 경제 발전에 전념할 수밖에 없어 서구의 학문과 생산수단을 지식인들이 적극적으로 받아들일 수밖에 없었다. 다만 그 속에서도 이러한 학문 수용 과정이 비록 서구의 학문을 비판 없이 받아들이는 것이지만 그 속에 품은 과학적 연구 방법을 도입하여 사용할 수 있게 되므로 아시아의 학문적 수준을 높이고 독자적 연구 기반을 만드는 기초가 되었다.

한편 아시아의 지식인들은 과거에 타 대륙과 달리 서구보다 우월한 수준의 학문적 성과를 이뤘으나 이것이 근대 이후 역전되어 제국주의 시기에 식민 지배의 치욕을 겪게 된 것에 대해 반감으로 기성 사회과학이 주로 유럽과 미국에 의해 주도되는 것을 비판하면서 과거 아시아의 식민 지배를 당한 것을 탐구하여 그것을 하게 만든 원동력인 근대적 제국주의 및 서구와 아시아의 여러 격차에 대한 학문적 인과관계를 체계적으로 연구하고자 하였다.

또한 앞에서 설명한 아시아인의 서구에 대한 반감 위에 지식인의 서구와 아시아의 학문적 수준의 역전에 관한 체계적인 연구가 더해지면서 비록 구호에 국한되었지만 '아시아인에 의한 아시아의 연구'라는 생각이 퍼졌다.

이는 현재의 단계에서 보면 아주 초보적인 수준이지만 연구 체계를 갖춰나가면서 아시아지역학이라는 학문이 태동하기 시작하는 것을 볼 수 있는 셈이다.

아시아지역학의 발전

아시아지역학이 초보적인 형태의 체계적 연구 체계를 갖추었지만, 개별 학문 단위로 발전하기에는 미약한 면이 많았다. 이러한 점을 극복하고 독립적인 학문으로 발전시키는 데 크게 공헌한 이들이 경영학자들이다.

이는 경영학이 다른 사회과학에 비해 실용적 성격이 강한 학문이고 경영학 특성상 다루는 영역의 한계가 다른 학문에 비해 상대적으로 자유로우며 다양한 사례에 관해 연구하고 새로운 현상과 상황을 파악하여 새로운 이론을 도출하는 것에 특화된 학문이기 때문이다.

한편으로는 아시아의 여러 사회과학자 중에서 경영학자가 아시아지역학이라는 새로운 학문을 구축하기 위한 선봉장에 나설 수 있었던 것은 아시아의 국가들이 서구에 의한 식민 지배에서 해방되면서 경제 개발에 나서게 된 것에 기인한다.

이는 경제 개발 특성상 다수의 경제학자와 경영학자의 필요를 요하고 식민지 해방 이후 아시아 국가들의 어려운 재정 여건상 사회과학 중에서도 두 학문을 우선하여 육성할 수밖에 없었기 때문이다.

두 학문 중에서 경제학은 이론적 성격이 강한 학문이고 개별 아시아 국가의 경제 개발 계획을 기획하기 위해 서구의 보편적인 이론을 도입하는 것에 전념할 수밖에 없었다.

그러나 경영학은 앞서 설명한 것과 같이 실용적 성격이 강한 학문이므로 그 학술적 특성과 다수의 학자 수 그리고 앞서 설명한 경제 개발을 위한 필요성으로 인해 다른 학문보다 상대적으로 많은 정부의 재정적 지원을 통해 더 깊은 연구와 탐색을 할 수 있으므로 자연스럽게 경영학자들이 아시아지역학의 발전을 주도하게 된 것이다.

이들은 경영학 특성상 시장에 대한 깊은 이해가 필요하므로 서구가 보기에도 잠재력이 큰 시장인 아시아에 대해 다양한 경영학적 관점에서 깊게 접근하였고 그것이 위에서 언급한 아시아만의 독자적 학문 탄생 욕구와 융합적으로 맞물리면서 아시아지역학이 완전히 독립적인 학문으로 다른 학문과의 경계를 갖출 수 있게 되었다.

한편 그 경계를 갖추고 나서도 실질적으로 독립된 학문으로 나아가는 단계에서도 경영학자들이 체계적인 과학적 연구 기법을 배웠으므로 개별 국가의 민족적 감정에 기반하여 수행되던 개별 연구나 여러 학문적 활동을 하나의 통일된 학문으로 통섭해 나가면서 그 학술적 풍부성을 갖추면서도 그것이 난잡하지 않고 논리적인 체계를 갖춘 독자적인 학문으로 완벽하게 성장할 수 있도록 기여했다.

그리고 이러한 아시아지역학의 탄생 동기 중 하나로 앞서 언급한 식민 지배가 크게 작용했고 그 식민 지배 상당히 오랜 기간 이어졌으므로 자연스럽게 정치학의 참여가 요구되었다. 이는 아시아지역학이 경영학의 영향을 아주 깊게 받았지만, 단순히 경영학의 하위 이론에 머무르지 않고 독립성을 가진 학문이라는 여러 증거 중 하나이다.

이외에도 아시아인의 개별 특성에 주목하면서 인문학의 참여가 가미되었다. 특히 언어학과 문화학이 적극적으로 참여했다. 또한 아시아인들의 여러 관심과 지원을 받아서 그 기반을 견고히 구축해 나갔다. 이러한 것들을 통해 아시아지역학이 완전히 독립적인 학문으로 뿌리 깊게 자리매김할 수 있었다.

아시아지역학과 경영학

아시아지역학은 독립적인 학문이지만 앞에서 설명한 것처럼 경영학자들의 주도로 인한 역사성으로 인해 현재까지도 경영학의 영향력이 몹시 강한 편이다.

이는 일각에서 아시아지역학이 경영학의 하위 학문이라고 오인할 수 있는 요인들이 보이는 점에서 그러하다.

또한, 대부분 대학에서 아시아지역학에 대해 경영학사를 수여하는 것만 보아도 알 수 있다. 다만 일부 대학은 신학문이라는 취지를 살리기 위해 아시아지역학사라는 명칭으로 하여 학위를 수여하기도 한다.

그러나 그렇게 학위를 수여하여도 그 과정에서 경영학과가 깊게 관여하고 주관하며 그 학사 학위를 사실상 학계에서는 경영학사로 보는 점을 보면 이러한 영향력을 실감할 수 있다.

한편 근래의 아시아지역학에 대한 이론 중에서 경영학 이론을 변형한 것이 아직 상당히 많이 존재하고 그 논리의 정밀성을 고도로 강화하는 작업에 있어 경영학자들의 참여를 많이 필요로 한다는 점에서 아직 아시아지역학이 학문적으로는 독립되었지만, 완전한 학문적 재생산에는 이르지 못하고 경영학의 보조를 받아야 하는 부족한 면을 드러내고 있으며 이러한 부분이 아시아지역학의 학문적 한계이자 앞으로 학자들이 적극적으로 개선해 나가야 하는 부분이라고 할 수 있다.

제2장

아시아지역학의 학술적 경향

비아시아의 학술적 경향

근래에 아시아가 성장하면서 인구가 늘어나고 경제력이 강화되어 그 영향력은 세계적으로 강해지고 있다. 이는 아시아의 개별 국가들이 국제 사회에서 미치는 영향력만 보아도 그러하며 국제적으로 강대국으로 불리는 국가들이 아시아에 상당히 늘어났다는 점을 보아도 그러하다.

이러한 현실 속에서 서구 국가들도 경제적 이익을 위해서 아시아지역학에 관해 연구하고자 하며 주로 학계와 경제계의 연합을 통해 여러 대학에서 아시아지역학 연구에 더 많은 투자를 하고 있다.

다만 그 연구는 주로 인도를 중심으로 하여 중국, 몽골, 방글라데시, 베트남, 말레이시아, 인도네시아와 같은 아시아 내 개발도상국 중 높은 경제성장률과 잠재력을 가진 나라에만 국한한다는 점에서 경제적 이익에 과도하게 치중된 연구 의도가 나타난다.

이는 아시아지역학이 아시아의 고유한 특유성을 기반으로 아시아를 해석하고 규명하는 학문이므로 단순히 단편적인 경제적 이익을 얻기 위해 아시아를 이윤에 의해서만 살펴보는 도구적 성격을 가진 협소한 학문이 아니라는 점에서 이러한 연구 방향은 올바른 학술적 방향으로서 다소 부족한 부분과 한계점을 보인다고 할 수 있다.

한편 앞에서 설명한 경영학자가 아시아지역학을 주도하는 현상이 비아시아지역의 학계에서도 아시아지역학을 연구하는 모습에서도 드러나고 있으며 이러한 것은 서구의 경영학자들이 아시아지역학을 연구하는 인도 학자들과의 적극적인 소통과 공동 연구에 나서는 모습을 근거로 들 수 있다. 이러한 부분에서 여러 요인으로 아시아지역할을 연구하더라도 경영학자의 깊은 관여를 피할 수 없다는 것도 현실적 상황으로 알 수 있다.

아시아의 학술적 경향

아시아지역학이 학문적 독립성을 갖추고 일정 궤도에 오른 이후에는 주로 특정 국가가 주도하는 경향을 보여왔다.

20세기에는 주로 일본이 아시아지역학을 주도했다. 이는 일본의 역사적 배경에서 기인한다. 제국주의 시기에 일본은 메이지 유신을 겪으면서 근대화를 시도하게 되었다. 이러한 방향은 탈아입구(脱亜入欧)로 대표되는데 국가의 모든 것을 전면적으로 서구식으로 변혁하고자 하는 것이다. 이러한 개혁들은 여러 부문에서 성과를 내면서 일본이 국제 사회에서 상당한 영향력과 아시아인도 서구적 근대화가 가능하다는 점을 입증하게 되었다.

특히 양무운동(洋務運動)을 보면 알 수 있듯 부분적으로 서구식을 받아들여 근대화를 꾀한 아시아의 전통적 강대국인 청나라를 청일전쟁으로 이기고 서구 국가 중 하나인 러시아 제국도 러일전쟁을 통해 이기면서 서구 열강들은 일본에 대해 깊은 인상을 받았다. 이는 일본이 서구 국가들과 완벽히 평등한 대우를 받게 되었고 유엔(United Nations)2)의 전신인 국제연맹(League of Nations)의 상임이사국 지위를 얻는 지위까지 누렸다.

---

2) 'United Nations'를 주로 한국에서는 국제연합으로 번역한다. 그러나 이를 한국어로 직역하면 연합국으로 번역할 수 있다. 과거에 국제연합으로 번역한 것은 일본의 영향으로 제2차 세계대전에서 추축국 중 하나였던 일본이 연합국으로 번역하면 다소 문제가 될 수 있어 국제연합으로 번역한 것을 한국도 번역 과정에서 참고하여 사용한 것이다. 한편 같은 동아시아 국가인 중국은 과거 연합국의 구성원(엄밀하게는 중화인민공화국이 아닌 중화민국이 구성원이었다)이었다고 주장하면서 연합국으로 번역하고 있다. 한편 근래에 들어 한국 정부가 유엔으로 번역하여 사용하기로 하고 관련 명칭을 국제연합에서 유엔으로 바꾸는 점과 앞서 말한 중국과 일본이 사용한 번역의 차이를 고려하여 유엔으로 번역하여 사용하였다.

또한, 일본은 식민 지배를 당하는 것이 아닌 오히려 식민지를 운영하는 정도로 성장하고 제1차 세계대전에도 개입하면서 탈아입구가 진리이고 서구식은 무조건 옳다는 생각이 학자들 속에서 깊게 자리 잡았다.

그러나 일본이 제2차 세계대전에서 추축국으로 참여하면서 서구 중 연합국인 영국, 미국, 소련과 적대하게 되었고 이는 공산주의라는 이념으로 기존에 적대하던 소련을 제외하면 영국과 미국은 대립에 의한 감정적 적대심을 품게 되었다. 이는 영국과 미국을 귀축영미(鬼畜英米)로 표현하고 아시아를 대상으로 대동아공영권(大東亞共榮圈)을 주장하면서 탈아입구에 대한 기존의 생각에 대해 약간의 변화가 생겼다.

특히 제2차 세계대전에서 총력전을 하기 위해서 아시아 식민지를 쥐어짜고자 구호에 불과한 대동아공영권이 형식적으로라도 그럴듯한 개념으로 보이기 위해서라도 아시아가 유럽이나 북미와 다른 내적 특수성이 있다는 것을 강조하면서 영국과 미국에 대한 적대성을 선전하면서 유럽이나 북미에 대항하여 아시아를 수호하는 일본을 지지해주고 성원해주는 것에 동참해달라고 선전했다.

하지만 일본이 제2차 세계대전에서 미국이 원자폭탄을 투하하여 완전히 초토화되어 항복한 일본에 미국은 GHQ(General Headquarters)라고 통상 불리는 연합군최고사령부(The Supreme Commander for the Allied Powers)를 구성하여 일본을 직접 통치하게 되면서 일본도 지식인과 대중들에게 식민 지배에 기인한 반서구적 감정과 유사한 반감이 퍼졌다.

또한 일본의 국력이 상승하다가 패전으로 꺾이면서 생긴 상실감과 박탈감은 남녀노소를 막론하였다. 이는 일본의 학자들이 아시아지역학 연구에 적극적으로 나서고 재계와 정부가 지원하는 동기가 되었으며 일본이 거품경제에 달하는 1980년대까지 아시아지역학에서 일본 학계의 영향력이 절대적일 정도로 상당한 영향력을 미쳤다.

특히 일본에서는 좌·우익 모두 아시아지역학에 대해 긍정적이었다. 이는 우익이 아닌 좌익의 일본 공산당도 연구에 상당한 지원을 한 것을 그 사례로 들 수 있다.

일본 공산당의 이러한 관심은 그들이 주장하는 공산주의 이념을 일본 현실에 맞게 토착화하기 위한 학문적 수단으로 아시아지역학을 택했기 때문이다.

한편 한국도 뒤에서 설명하겠지만 1960년대부터 경제 성장을 하면서 학술적으로도 성장하게 되자 아시아지역학에 상당한 영향력을 미치게 되었다.

그리고 동남아시아 국가들도 개별적으로 성장하면서 여러 가지 형태로 하여 아시아지역학을 연구하게 되었다.

이외에도 특히 대만이 관심을 가지며 아시아지역학 관련 연구에 나섰다. 특히 양안관계(兩岸關係)의 악

화와 대만 독립을 주장하는 세력의 성장을 하면서 한국, 일본, 대만의 공동의 가치와 소프트파워에 기반한 동맹을 구축하는 정치적 이론이 나오면서 거기에 학술적으로 배경이 되고자 아시아지역학을 도입하기도 했다.

한편 대만의 일부 학자가 미국에 있는 베트남 공화국(통칭 자유월남) 임시정부에 관심을 가지고 베트남 공화국에 대해 연구하면서 남베트남의 독자성을 주장하는 독특한 연구성과도 있었다.

1990년대에 소련이 해체되고 냉전적 세계 질서가 무너지면서 공산주의 국가들이 개혁·개방에 나서게 되자 중국, 몽골, 베트남 학계도 아시아지역학에 적극적으로 참여하였다.

특히 공산주의 국가들이 아시아지역학을 연구하면서 유물론에 입각한 방법론을 도입하고 과거에 중국이 마르크스레닌주의를 중국 현실에 맞게 변혁하여 빈농을 중심으로 하는 혁명이론을 제시한 것처럼 해당 국가의 특유한 경험을 더하면서 학문적 다양성이 더욱 증대되었다.

특히 몽골의 경우 몽골제국 당시에 유럽까지 군사적으로 침공한 적이 있으며 고대부터 아시아와 유럽의 교역에 깊게 관여한 전통이 있어 문명교류에 관한 연구가 특화되어 있는데 이러한 연구성과를 아시아지역학에 접목하여 다양성을 강화하고 있다.

한편 북한도 주체사상을 도입하고 주체성을 강조하면서도 아시아의 성원 중 하나이고 아시아가 서구보다 우위에 있다는 것을 주장하여 이를 바탕으로 북한의 민족적 우월성을 주장하기 위한 정치적 목적으로 아시아지역학 연구에 나섰다.

이외에도 중동이라고 불리는 서아시아의 국가들도 이슬람적 사고에 따라 연구에 나섰고 중앙아시아의 국가들도 다양한 필요성으로 인해 연구에 동참하였다.

또한, 러시아도 아시아와의 관계를 긴밀하게 구축하기 위해서 동부의 아시아 지역을 북아시아라고 부르면서 지역적 특수성을 강조하고 아시아지역학 연구에 깊은 관심과 참여를 시도하고 있다.

그러나 최근에 아시아지역학에 가장 깊게 관여하고 영향력을 미치는 국가는 인도이다.

근래 인도가 아시아지역학 연구의 거의 반 이상을 차지할 정도이며 국내의 인도학 전공자(주로 인도의 언어나 문화를 전공한 학자)들이 아시아지역학에 관한 연구에 나서고 있는 것도 인도의 영향력을 실감한다.

한편으로 인도가 아시아지역학 연구에 적극적으로 나서는 것은 과거 인도가 영국에 의한 고통스러운 식민지배를 거치고 나서 근래의 경제적 성장을 이룩하고 학술적 재발견을 끌어내면서 자주적인 학문에 관한 관심이 높아진 것에 기인한 것이다.

또한 인도 학계가 적극적으로 연구에 나설 수 있도록 그 재정적 지원을 하는 것은 주로 힌두교이다. 이는 힌두교의 일부 분파를 중심으로 민족 종교에서 탈피하여 세계 종교로 나아가고자 하면서 아시아지역학이 깊게 연구된다면 민족 종교의 여러 요소를 새로 재정립하고 비인도인에게도 접근할 수 있는 이론적 토대를 찾을 수 있기 때문으로 보인다.

결론적으로 인도 학계가 아시아지역학 연구에 활발히 참여하고 국제적으로 강한 영향력이 미치면서 양적으로 유의미하게 인도의 학자들이 관련 논문을 많이 게재하면서 인도 학계가 만들어 낸 이론이나 연구 방법이 널리 사용되는 등 현재 아시아지역학 연구의 주도는 인도 학계가 앞장서고 있으므로 인도 학계의 아시아지역학에 관한 동향에 주목할 필요성에 대해 강조할 수 있을 것이다.

대한민국의 학술적 경향

　　대한민국의 아시아지역학에 대한 학술적 경향을 살펴보면 해방 이후 6·25 전쟁을 거치면서 폐허가 된 한국이 경제적 성장을 시작하는 시기부터 살펴볼 필요가 있다.

　　그 당시 한국이 경제적으로 성장하고 학술적으로도 성장하면서 한국의 자주성을 모색하게 되었다. 그러한 와중에 군사 정변을 비롯한 여러 정치적 격변을 겪으면서 과거 운동권 출신 정치학자들에 의해 종속이론이 연구되면서 그 학술적 배경을 넓히기 위한 차원으로 아시아지역학이 도입됐다.

그러나 도입 이후에는 다른 국가와 마찬가지로 경영학자가 주도하면서 학술적 발전을 꾀했고 이 과정에서 한국의 역사적 현실에 관한 연구성과가 접목되면서 발전을 이룩했다.

특히 불교에서 시작했지만, 여러 종교인 유교, 도교, 기독교의 영향을 받고 전봉준이 창시한 동학사상과 나철이 재정립한 단군 사상, 강일순이 창시한 증산 사상의 긍정적인 면을 흡수하면서 탄생하여 한민족의 정신적 사상의 총체를 담는 형태의 민족 종교로 발전한 원불교에 관한 연구도 아시아지역학을 연구하는 학자들이 많이 하였다.

이는 외부의 것이 내부로 유입되어 변화하면서 독자적인 체계를 구축하고 독립성을 갖추는 점에서 원불교의 발전 과정이 긍정적이고 학술적으로 유의미하기 때문이다.

그러므로 여러 외국의 학자들도 원불교의 발전 과

정에 대해 참고하는 편이며 이러한 것의 보편성을 찾아 보고자 하면서 통칭 몰몬교로 불리는 예수 그리스도 후기 성도교회(The Church of Jesus Christ of Latter Day Saints)도 사실상 미국의 민족 종교로 유사하게 볼 수 있다고 하는 관점을 제시하며 서로 비교하는 학자도 있었다.

한편 학계에서 아시아지역학을 연구하면서 경제학에서 자본주의 맹아론과 식민지 근대화론이 대립하는 것처럼 근대적 교육 측면에서 조선이 그 토대가 만들어지고 있는 것에 대한 학술적 토론을 끌어냈다.

대한민국의 아시아지역학 연구 전망과 제언

대한민국은 위에서 언급한 바와 같이 아시아지역학에 관해 깊이 있는 연구를 수행했고 관련 학계를 대상으로 강한 영향력을 국제적으로 끼치고 있다. 특히 독창적인 연구 경향 중 하나로 주로 연구 대상을 아시아의 사례에 국한하지 않고 유럽 중에서도 다소 연구가 비주류인 북유럽과 발칸 반도를 비교하여 나온 이론적 결론을 아시아 현실에 접목하면서 보편적 이론을 도출하고 다시 아시아지역학을 발전시키는 데 이바지하는 점에서 알 수 있듯 여러 가지 창조적 연구를 주도하고 그 성과를 낸 역사가 있다.

한편 한국 학계가 아시아지역학에 대해 더욱 고차원적으로 연구하고 발전하기 위해서는 중심 학문 영역 외에도 이를 받치고 있는 외곽의 학문 영역에서도 여러 가지 노력을 수반해야 한다.

　특히 한국 사회의 고질병인 학벌주의가 여러 영역에서도 붕괴하고 있으므로 학벌주의에 경도되어 특정 대학 출신을 우대하는 것을 지양하고 여러 대학 출신의 연구자를 기용하여 연구 인력의 다양성을 반드시 확보해야 한다.

　이는 출신 성분을 다양화하여 여러 창조적 연구를 할 수 있다는 장점에 근거한 것이며 이는 이미 여러 외국의 사례나 연구를 통해 입증되었다.

　한편으로는 아시아지역학의 학문적 특성상 다양한 언어를 구사하는 이를 확보해야 한다. 특히 말레이어, 미얀마어, 태국어, 힌디어, 벵골어, 몽골어와 같은 특수 외국어를 구사할 수 있는 학자가 부족한 점이 언어적 측면에서 특히 아쉬운 부분이다.

결론적으로 이러한 학술적 폐단과 부족한 면을 극복하는데 아시아지역학을 연구하는 학자들이 다소 어려움이 있어도 적극적으로 나서야 함을 알 수 있다.

따라서 모 정치인이 '경복궁이 무너지면 대원군 책임이냐?'라고 말한 것처럼 과거의 일부 부정적인 폐단을 겪었다고 해서 이를 용인하여서는 안 되며 적극적으로 현시대의 학자들이 나서서 바로잡고 위에서 언급된 여러 가지 제언을 내면화하고 이를 주문해 나가면 그 학문적 특성과 요인을 고려해 볼 때 한국이 아시아지역학에서 차지하는 위상이 높아질 것으로 기대할 수 있을 것이다.

이외에도 한국에 대한 제언이므로 국가적 인식에 대한 부분을 살펴보지 않을 수 없으므로 이러한 것을 포함하여 비학술적인 부분이 학문에 주는 영향을 세밀하게 살펴보면 방탄소년단이나 원더걸스와 같은 K팝을 비롯한 다양한 한국의 대중문화가 전 세계적으로 유행하는 현상인 한류가 한국의 국가 인지도 상승을 가져오므로 간접적으로 아시아지역학 연구에도 긍정적인 영향을 미칠 수 있으니 이러한 부분도 추가로 참고하면서 활용할 수 있는 점을 모색해나가면 좋을 것으로 보인다고 보언(補言)할 수 있다.

제3장

아시아지역학의 연구성과와 제안

아시아지역학의 연구성과에 대한 개론

아시아지역학은 아직 신생 학문이기에 구체적인 국내 연구성과는 미진하고 다소 방향성 제시에 머무는 한계가 있다. 그러나 이는 천 년 이상의 역사를 가진 여러 학문과 비교하여 아시아지역학이 초기 단계인 것을 고려한다면 나름의 성과를 낸 것이다.

또한 본 연구회도 설립한 역사가 아직 길지 않아 독자적인 연구성과는 아직 별도로 존재하지 않는다. 다만 본 저서를 읽는 연구자에게 연구에 있어 도움을 주고자 한국과 관련한 여러 가설을 수록하였다.

아래의 가설에 대해 본 연구회는 전부 동의하지 않고 단순히 방향성 소개를 위해 수록한 것이며 학문 특성상 불완전한 부분이나 틀린 부분이 있을 수 있음을 미리 밝혀두고자 한다.

또한 상대적으로 소개되지 않은 독특한 가설을 주로 수록하고자 노력했으므로 다소 인문학에 영향을 깊게 받아 생소한 것이 많으며 의도하지는 않았지만, 역사에 관한 가설이 많이 수록되었다. 이는 의외로 아시아지역학을 연구하는 학자들이 역사에 관련된 연구나 가설에 많이 이바지했음을 의미한다.

이러한 가설 중에서 대표적으로 유명한 것을 가볍게 들자면 통상적으로 가야가 연맹 국가에서 머문 것에 대해서 경영학에 영향을 받은 이론들을 재정립한 아시아지역학의 독특한 가설 중 하나로 '가야의 주변국 종속설'이 있다.

이는 가야가 다소 독자성이 부족하고 정치적 입지

가 협소하여 백제가 강성할 때는 사실상 백제에 종속되었고 고구려의 광개토대왕이 백제를 정벌하여 가야에 대한 백제가 영향이 줄어들고 나서 신라가 강성할 때는 사실상 신라에 종속된 점을 제시하는 가설을 제시하고 이러한 연구에 직·간접적으로 동참한 것도 그러한 이바지 중 하나로 알려져 있다.

한편 아래의 가설은 여러 가설 중 지면의 한계로 한국에 대한 의미와 그 특유의 독창성을 중심으로 하여 선별했으며 아래에 소개된 것이 가설의 전부인 것도 절대 아니며 선별되지 못한 가설이 학문적 의미가 부족하다는 것도 아님을 밝힌다.

고조선의 위만과 기자에 대한 가설 제시

위만에 대해서 기존에는 중국인(한나라 사람)으로 고조선에 귀화한 이로 보고 있다. 그러나 아시아지역학을 연구하는 학자들은 고조선의 위만과 준왕은 형제 관계이며 동생인 위만은 연나라에 유학하다가 혼란으로 인해 귀국하고 이후 정치적 기회를 틈타서 정변을 일으켰다고 주장한다.

이는 위만은 상대적으로 중국 문물에 우호적인 사람이고 준왕은 그렇지 않은 사람으로 해석되어 현재의 사대주의와 자문화중심주의 논쟁에 대해서 하나의 역사적 근거로 사용될 수 있다고도 주장한다.

또한, 기자조선에 대해서도 기존에도 이에 대해 많은 논쟁이 있지만 현재 역사학계에서는 대개 이를 부정하나 아시아지역학을 연구하는 일부 학자들은 더 나아가 기자와 위만이 동일 인물이라고 주장한다.

이는 기자에 대한 사료를 보면 그 내부에서 행적이나 지칭이 위만과 유사하므로 위만으로 봐야 하지만 위만 역시 중국의 문물은 받아들였지만, 정치적으로 중국과 대립한 점을 보면서 그 이름을 직접 언급하지 않고 다소 격하하기 위해 기자라는 이름을 붙이고 중국에 대해 유약한 태도를 보인 개별 사건을 각색하여 추가하였다고 본다. 결국 기자는 위만으로 보아야 하나 기자가 행한 중국에 호의적인 일화는 고대 중국 왕조의 과장으로 보아야 한다고 주장한다.

그러한 점에서 본 가설 제시는 한국 고대사의 사료 부족으로 인한 점을 특유한 관점에서 재해석하고 그 속에 숨은 의미를 파악하려고 노력하는 것에 아시아지역학이 다소 이바지 한 점에서 의미가 있는 가설이고 본격적으로 논의할 필요성을 제시하는 것으로 볼 수 있는 셈이다.

대한민국의 자주성 회복을 위한 제안

아시아지역학을 연구하는 학자들은 대한민국의 자주성에 관심이 많아 이와 관련한 여러 독특한 제안을 한 바가 있다. 이는 아시아 구성원 중에서 상당한 영향력을 가진 한국이 서구 종속적인 경향을 끊고 독자성을 더욱 강화한다면 그 민족 공동체의 여러 행위가 학문적으로도 유의미하고 아시아만의 독창성이 더욱 강화되어 문화적 수준이 깊어지기 때문이다. 그러므로 이러한 의미 있는 제안들에 대해서 수록하고자 한다.

다양한 제안 중에서 특히 앞에서 설명한 부분과 관련하여 역사의 구분이 중요하므로 한국사의 연표에 대해서도 그 특유한 입장으로 한국사 시대 구분을 고조선시대, 열국시대, 삼국시대, 남북국시대, 발해·후삼국시대, 고려시대, 조선시대, 일제강점기, 남북분단시대로 할 것으로 제안하였다. 이는 역사적 시대 구분을 명확히 하고 그 명칭이 직관적이라는 장점을 들 수 있고 한국만의 독자적인 역사 시대 구분을 가질 수 있는 점에서 그리 주장한 것이다.

이외에도 현시대에 과거의 종속적 행위를 끊어내고 자주성을 구축하여 과거의 부정과 단절한다는 의미에서 즉시 행동해야 할 여러 측면을 제시했는데 대표적인 행동적 측면들은 한사군 식민지성을 부정하는 홍보, 발해에 관한 연구 지원, 고려의 원 간섭기 이후 왕과 조선의 왕 또는 왕세자(광해군, 연산군, 소현세자를 주로 제시)를 추존, 다양성을 위해 지역학 발전에 지원(부산, 부천, 용인, 천안, 경주가 한 긍정적 사례를 주로 제시), 숨겨진 영웅적 무장의 일대기를 재발굴(발해 무왕, 이총언 장군, 무의공 이순신 장군, 김홍일 장군을 주로 제시)이 있다.

고로 이러한 행동들에 적극적으로 나선다면 한국의 자주성 측면에서 몹시 긍정적인 영향을 줄 것이라고 그들은 본 것이다.

정리하자면 이러한 제안들은 아시아지역학을 연구하는 학자들이 단순한 연구를 넘어 신념을 가지고 있으면서 우리 사회가 변혁하는 것에 깊은 관심이 있고 조금이나 긍정적인 행동에 나서고자 하는 선의에 기반한 것으로 아시아지역학이 탄생한 배경과 일맥상통한다.

또한 아시아지역학은 결코 도그마가 아니며 실용적이고 유연한 사고를 바탕으로 하는 학문이자 아시아에 대해 학문적으로 올바르게 경영하는 것이므로 이러한 제안을 통해 아시아지역학이 가진 학문적 특수성을 폭넓게 살펴볼 수도 있을 것이다.

제4장

대한민국 헌법 개정안 제안

대한민국 헌법 개정안 제안 취지

우리 연구회는 기존 대한민국 헌법에 대해 사회적으로 개헌 논의가 강한 가운데 기존 헌법의 좋은 취지는 살리면서 한국의 자주성을 강조하고 특유성을 찾는 내용으로 개헌안을 제시하였다.

이는 다양한 개헌안을 논의하여 긍정적인 신헌법이 제정되는 것에 기여하고자 한다. 또한 개헌안에 있어 보편적 인권을 특히 강조하는 조항을 넣어서 인권 중심의 신헌법이 제정되는 것에도 깊은 관심을 표한 것이다.

대한민국 헌법 개정안 전문

　　우리는 3·1운동으로 건립된 대한민국임시정부의 법통과 불의에 항거한 4·19혁명, 부마민주항쟁과 5·18민주화운동, 6·10민주항쟁의 민주이념을 계승하고, 법치주의와 공화주의에 기반한 자유롭고 평등한 민주사회의 실현을 기본 사명으로 삼아, 정의에 기초한 평화롭고 안전한 국가를 지향하며, 모든 사람의 존엄과 자유를 최우선으로 보호하며, 인류애와 생명 존중으로 행복한 공존을 추구하고, 세계 평화에 이바지할 것을 다짐하고, 자율과 조화를 바탕으로 사회정의와 자치·분권을 실현하고, 인간 존중을 사회생활 전반에서 실천하고, 지구생태계와 자연환경의 보호에 힘쓰며, 모든 분야에서 지속가능한 발전을 추구하고, 노동의 존엄성을 인식하며, 기회균등의 원리로 복지국가로 나아가고, 미래세대에 대한 우리의 책임을 인식하며, 상호 연대하고 더불어 사는 세상을 위해 앞으로 나갈 것을 다짐하면서 1948년 7월 12일에 제정되고 10차에 걸쳐 개정된 헌법을 이제 국회의 의결을 거쳐 국민투표에 의하여 개정한다.

대한민국 헌법 개정안 본문

제1장 총강

제1조 ① 인간의 존엄성은 소멸되거나 훼손될 수 없으며, 이를 존중하고 보호하며 인권국가를 지향하는 대한민국은 민주공화국이다.

② 대한민국은 인간의 보편적 인권을 인정하고 평화와 정의의 기초가 되는 인권을 확신하며, 인권이 모든 권력 위에 있음을 확인한다.

③ 대한민국의 모든 권력은 인권을 수호해야 하는 것

을 기본적 책무로 삼는다.

④ 대한민국의 주권은 국민에게 있고, 모든 권력은 국민으로부터 나오며, 국민을 위하여 행사된다.

⑤ 대한민국은 지방분권국가이다.

⑥ 대한민국은 미래 세대에 대해 책임 있는 태도를 가져야 한다.

제2조 ① 대한민국 국민의 자녀는 출생 시에 대한민국 국적을 취득하며, 그 밖에 대한민국 국민이 되는 요건과 절차에 관하여 필요한 사항은 법률로 정한다.

② 국가는 자의적으로 국민의 국적을 박탈하거나 국외로 추방할 수 없다.

③ 국가는 법률로 정하는 바에 따라 재외국민을 보호할 의무를 지며, 구체적인 사항은 법률로 정한다.

제3조 ① 대한민국의 영역는 한반도와 그 부속도서(附屬島嶼)를 포함하는 영토, 영해, 영공으로 한다.

② 대한민국의 수도(首都)에 관한 사항은 법률로 정한다.

제4조 대한민국은 통일을 지향하며, 민주적 기본질서에 입각한 평화적 통일 정책을 수립하고 이를 추진한다.

제5조 ① 대한민국은 국제평화를 유지하기 위하여 노력하고 침략적 전쟁을 인정하지 않는다.

② 국군은 국가의 안전보장과 국토방위의 의무를 수행하는 것을 사명으로 하며, 정치적 중립성을 준수한다.

③ 군인은 대한민국 국민으로서 일반 국민과 동일하게 헌법상 보장된 권리를 가진다.

④ 군인은 재직 중은 물론 퇴직 후에도 군인의 직무상 공정성과 청렴성을 훼손해서는 안 된다.

⑤ 군인은 부당하거나 비인도적인 명령을 거부할 의무가 있다.

제6조 ① 헌법에 따라 체결·공포된 조약과 일반적으로 승인된 국제법규는 국내법과 같은 효력을 가진다.

② 외국인의 지위는 국제법과 조약으로 정하는 바에 따라 보장된다.

제7조 ① 공무원은 국민 전체에게 봉사하며, 국민에 대하여 책임을 진다.

② 공무원의 신분은 법률로 정하는 바에 따라 보장된다.

③ 공무원은 직무를 수행할 때 정치적 중립을 지켜야 한다.

④ 공무원은 재직 중은 물론 퇴직 후에도 공무원의 직무상 공정성과 청렴성을 훼손해서는 안 된다.

제8조 ① 정당은 정치적 자유의 표현이며 국민의 의사 형성 및 표명과 정치적 참여를 위한 기본적인 수단이다. 정당의 설립·조직 및 활동은 자유이며, 복수정당제는 보장된다.

② 정당의 목적·조직과 활동은 민주적이어야 한다.

③ 정당은 법률로 정하는 바에 따라 국가의 보호를 받으며, 국가는 소수자의 보호 등 정당한 목적과 공정한 기준으로 법률로 정하는 바에 따라 정당운영에 필요한 자금을 보조할 수 있다.

④ 내각은 정당의 목적이나 활동이 민주적 기본질서

에 위반될 때에는 헌법위원회에 정당의 해산을 제소할 수 있고, 제소된 정당은 헌법위원회의 심판에 따라 해산된다.

⑤ 헌법위원회의 심판에 따라 해산되는 정당의 소속 선출직 공무원은 그 직을 상실한다.

제9조 국가는 문화의 자율성과 다양성을 증진하고, 전통문화를 창조적으로 계승하기 위하여 노력해야 한다.

제2장 기본적 권리와 의무

제10조 ① 모든 사람은 태어날 때부터 자유롭고 동등한 존엄과 가치를 가지며, 행복을 추구할 권리를 가진다. 국가는 개인이 가지는 불가침의 기본적 인권을 확인하고 보장할 의무를 진다.

② 모든 사람은 자유롭게 행동할 권리를 가진다.

제11조 ① 모든 사람은 법 앞에 평등하다. 누구도 성별·종교·장애·연령·인종·지역·언어·사상·재산·출생·피부색·성적지향·신체적 특성·사회적 신분·고용 형태 또는 기타의 신분을 이유로 정치적·경제적·사회적·문화적 생활을 비롯한 모든 영역에서 차별을 받아서는 안 된다.

② 국가는 실질적 평등을 실현하고, 현존하는 차별을 시정하기 위하여 적극적으로 조치한다.

③ 사회적 특수계급 제도는 인정되지 않으며, 어떠한

형태로도 창설할 수 없다.

④ 훈장을 비롯한 영전(榮典)은 받은 자에게만 효력이 있고, 어떠한 특권도 따르지 않으며 계급창설의 수단으로 사용할 수 없다.

제12조 ① 모든 사람은 생명권을 가지며, 신체와 정신을 온전하게 유지할 권리를 가진다.

② 인간의 생명과 존엄은 최우선적으로 보장되어야 하며, 그 어떠한 것도 인간의 생명과 존엄보다 앞설 수 없다.

③ 모든 사람은 죽음을 강요받지 않는다.

④ 모든 사람은 품위 있게 죽을 권리가 있다.

⑤ 모든 사람은 노예가 될 수 없으며, 인신매매는 어떠한 경우에도 인정되지 않는다.

⑥ 모든 사람의 생명은 우열을 판단할 수 없다.

⑦ 인간복제나 비인도적인 인체실험은 할 수 없다.

⑧ 특정한 인종을 차별하거나 우대할 수 없다.

⑨ 사형제도는 어떠한 경우에도 인정되지 않는다.

제13조 ① 모든 사람은 신체의 자유를 가진다. 누구도 법률에 따르지 않고는 체포·구속·압수·수색 또는 심문을 받지 않으며, 법률과 적법한 절차에 따르지 않고는 처벌·보안처분 또는 강제노역을 받지 않는다.

② 누구나 고문이나 잔혹 행위를 당하지 않으며, 모멸적이거나 비인도적인 처우 또는 처벌을 받지 않는다.

③ 누구나 민·형사상 자기에게 불리한 진술을 강요당하지 않는다.

④ 체포·구속이나 압수·수색을 하려 할 때에는 적법한 절차에 따라 청구되고 법관이 발부한 영장을 제시해야 한다. 다만, 현행범인인 경우와 장기 5년 이상의 형에 해당하는 죄를 범하고 도피하거나 증거를 없앨 염려가 있는 경우 사후에 영장을 청구할 수 있다.

⑤ 모든 사람은 사법절차에서 변호인의 도움을 받을 권리를 가진다. 체포 또는 구속을 당한 경우에는 즉시 변호인의 도움을 받도록 하여야 한다. 국가는 형사피의자 또는 피고인이 스스로 변호인을 구할 수 없을 때에는 법률로 정하는 바에 따라 변호인을 선임하여 변호를 받도록 하여야 한다.

⑥ 체포나 구속의 이유, 변호인의 도움을 받을 권리와 자기에게 불리한 진술을 강요당하지 않을 권리가 있음을 고지받지 않고는 누구도 체포나 구속을 당하지 않는다. 체포나 구속을 당한 사람의 가족 등 법률로 정하는 사람에게는 그 이유와 일시·장소를 즉시 통지해야 한다.

⑦ 체포나 구속을 당한 사람은 법원에 그 적부(適否)의 심사를 청구할 권리를 가진다.

⑧ 고문·폭행·협박·부당한 장기간의 구속 또는 기망(欺罔), 그 밖의 방법으로 말미암아 자의(自意)로 진술하지 않은 것으로 인정되는 피고인의 자백, 또는 정식 재판에서 자기에게 불리한 유일한 증거가 되는 피고인의 자백은 유죄의 증거로 삼을 수 없으며, 그런 자백을 이유로 처벌할 수도 없다.

⑨ 법률이 정하는 바에 따라 형사피고인이 변호인을 선임하지 못한 경우에는 재판할 수 없다.

제14조 ① 모든 사람은 행위 시의 법률에 따라 범죄를 구성하지 않는 행위로 소추되지 않으며, 동일한 범

죄로 거듭 처벌받지 않는다.

② 모든 사람은 소급입법(遡及立法)으로 참정권을 제한받거나 재산권을 박탈당하지 않는다.

③ 모든 사람은 자기의 행위가 아닌 친족·지인의 행위로 불이익한 처우를 받지 않는다.

④ 모든 사람은 박해를 피하여 다른 나라에 비호(庇護)를 구하거나 받을 권리를 가진다.

⑤ 누구든지 고문 또는 잔혹하고 비인도적인 처우나 형벌을 받을 우려가 있는 국가에 송환되거나 인도되지 않는다.

⑥ 누구든지 사형을 받을 우려가 있는 국가에 특별한 사유가 없는 한 송환되거나 인도되지 않는다.

⑦ 국외에서 범죄를 저지른 사람이 제4항과 제5항에 해당한다면 해당 국가에 송환하거나 인도하지 않고 국내에서 처벌한다.

⑧ 국가는 국제법과 법률에 따라 난민을 보호한다.

제15조 ① 모든 사람은 거주·이전의 자유를 가진다.

② 국가는 국민이 원활히 이동하기 위해 교통수단의

편의를 증진해야 한다.

제16조 ① 모든 사람은 직업의 자유를 가진다.

② 직업의 귀천(貴賤)은 인정되지 않는다.

제17조 ① 모든 사람은 사생활의 비밀과 자유를 침해받지 않는다.

② 모든 사람은 주거의 자유를 침해받지 않는다. 주거에 대한 압수나 수색을 하려 할 때는 적법한 절차에 따라 청구되고 법관이 발부한 영장을 제시해야 한다.

③ 모든 사람은 통신의 비밀을 침해받지 않는다.

제18조 ① 모든 사람은 신앙과 양심의 자유 및 종교적·세계관적 신조의 자유를 침해되지 않는다.

② 종교 활동의 자유는 보장된다.

③ 국교는 인정되지 않으며 국가는 특정 종교를 우대할 수 없다.

④ 종교와 정치는 분리된다.

⑤ 모든 사람은 종교적 행위를 하거나 종교에 대한

교육을 받도록 강요되지 않는다.

⑥ 모든 사람은 자신의 양심에 반하여 무력을 사용하도록 강요되지 않는다. 자세한 사항은 법률로 정한다.

제19조 ① 모든 사람의 표현의 자유는 보장되며, 이에 대한 허가나 검열은 금지된다.

② 언론·출판의 기능을 보장하기 위하여 필요한 사항은 법률로 정한다.

③ 언론·출판은 타인의 권리를 침해해서는 안 된다. 언론·출판이 타인의 권리를 침해한 경우 피해자는 이에 대한 배상·정정을 청구할 수 있다.

제20조 ① 모든 사람은 연대할 권리를 가진다.

② 집회·결사의 자유는 보장되며, 이에 대한 허가는 금지된다.

③ 누구든지 의사에 반하여 집회·결사에 참여하도록 할 수 없다.

④ 국가는 소수자의 보호 등 정당한 목적과 공정한 기준으로 법률로 정하는 바에 따라 단체 운영에 필요한

자금을 보조할 수 있다.

　제21조 ① 모든 사람은 알권리 및 정보접근권을 가진다.

　② 모든 사람은 자신에 관한 정보를 보호받고 그 처리에 관하여 통제할 권리를 가진다.

　③ 국가는 정보의 독점과 격차로 인한 폐해를 예방하고 시정하기 위하여 노력해야 한다.

　④ 모든 사람은 정보문화향유권을 가진다.

　⑤ 국가는 국민이 인터넷에 접속할 수 있도록 보장하여야 한다.

　제22조 ① 모든 사람은 잊혀질 권리를 가진다.

　② 모든 사람은 자신의 정보에 대해 법률이 정하는 바에 따라 삭제를 요구할 수 있다.

　제23조 ① 모든 사람은 학문과 예술의 자유를 가진다.

　② 대학의 자치는 보장된다.

③ 저작자, 발명가, 과학기술자와 예술가의 권리는 법률로써 보호한다.

제24조 ① 모든 사람의 재산권은 보장된다. 그 내용과 한계는 법률로 정한다.

② 재산권은 공공복리에 적합하도록 행사해야 한다.

③ 공공필요에 의한 재산권의 수용 · 사용 또는 제한 및 그 보상에 관한 사항은 법률로 정하되, 정당한 보상을 해야 한다.

제25조 ① 모든 국민은 선거권을 가진다. 선거권 행사의 요건과 절차 등 구체적인 사항은 법률로 정한다.

② 모든 국민은 자유롭게 선거운동을 할 수 있다. 다만, 정당·후보자 간 공정한 기회를 보장하기 위하여 법률로 제한하는 경우에는 그러하지 아니하다.

③ 모든 국민은 국가에 의한 헌법적 질서의 중대한 위반 및 그 불법적 폐지에 대하여 다른 구제수단이 불가능할 때에는 이에 저항할 권리를 가진다.

제26조 모든 국민은 공무담임권을 가진다. 구체적인 사항은 법률로 정한다.

제27조 ① 모든 사람은 국가기관에 청원할 권리를 가진다. 구체적인 사항은 법률로 정한다.

② 국가는 청원을 수리하고 심사하여 그 결과를 청원인에게 통지하여야 한다.

③ 제1항의 권리를 행사했다는 이유로 어떠한 불이익도 받지 않는다.

④ 모든 사람은 공정하고 적법한 행정을 요구할 권리를 가진다.

제28조 ① 모든 사람은 헌법과 법률에 따라 법원의 재판을 받을 권리를 가진다.

② 모든 사람은 재판을 공정하고 신속하게 받을 권리를 가진다. 형사피고인은 타당한 이유가 없으면 지체 없이 공개 재판을 받을 권리를 가진다.

③ 형사피고인은 유죄 판결이 확정될 때까지는 무죄로 추정한다.

④ 국가는 형사피고인이 재판받는 과정에서 유죄로 추정되어 불이익한 처분을 받지 않도록 할 의무를 진다.

⑤ 형사피고인이 유죄 판결이 확정될 때까지 언론·출판은 유죄로 추정하여 보도하거나 저술해서는 안된다.

⑥ 형사피해자는 법률로 정하는 바에 따라 해당 사건의 재판절차에서 진술할 수 있다.

⑦ 국가는 국민이 민사·행정·가사소송을 제기할 금전적 여력이 없으면 법률이 정하는 바에 따라 지원하여야 한다.

⑧ 모든 재판은 법률에 특별한 규정이 없는 한 3인 이상의 배심원단이 구성되어야 할 수 있다.

제29조 국가는 형사피의자 또는 형사피고인으로서 구금되었던 사람이 법률이 정하는 불기소처분이나 무죄판결을 받은 경우 법률로 정하는 바에 따라 정당한 보상을 하여야 한다.

제30조 공무원의 직무상 불법행위로 손해를 입은 국민은 법률로 정하는 바에 따라 국가 또는 공공단체에 정당한 배상을 청구할 수 있다. 이 경우 공무원 자신의 책임은 면제되지 않는다.

제31조 ① 타인의 범죄행위로 인하여 생명·신체 및 정신적 피해를 받은 국민은 법률로 정하는 바에 따라 국가로부터 구조 및 보호를 받을 권리를 가진다.

② 제1항의 법률은 피해자의 인권을 존중하도록 정하여야 한다.

제32조 ① 모든 사람은 능력과 적성에 따라 균등하게 교육을 받을 권리를 가진다.

② 모든 사람은 보호하는 자녀 또는 아동에게 적어도 초·중등교육과 법률로 정하는 교육을 받게 할 의무를 진다.

③ 의무교육은 무상으로 한다.

④ 교육의 자주성·전문성 및 정치적 중립성은 법률로 정하는 바에 따라 보장된다.

⑤ 국가는 평생교육을 진흥해야 한다.

⑥ 국가는 교육의 평등성을 지향해야 한다.

⑦ 학교교육·평생교육을 포함한 교육 제도와 그 운영, 교육재정, 교원의 지위에 관한 기본 사항은 법률로 정한다.

제33조 ① 모든 사람은 일할 권리를 가지며, 국가는 고용의 안정과 증진을 위한 정책을 시행해야 한다.

② 국가는 노동의 신성함을 존중하고 이를 보호하여야 한다.

③ 국가는 적정임금을 보장하기 위하여 노력하며, 법률이 정하는 바에 따라 노동자와 그 가족의 품위 있는 생활을 보장할 수 있는 최저임금제를 시행하며, 동일한 가치의 노동에 대하여는 동일한 임금이 지급될 수 있도록 노력한다.

④ 노동자는 정당한 이유 없는 해고로부터 보호받을 권리를 가진다.

⑤ 노동조건은 노동자와 사용자가 동등한 지위에서 자유의사에 따라 결정하되, 그 기준은 인간의 존엄성을

보장하도록 법률로 정한다.

⑥ 모든 사람은 고용·임금 및 그 밖의 노동조건에서 임신·출산·육아 등으로 부당하게 차별을 받지 않으며, 국가는 이를 위한 정책을 시행해야 한다.

⑦ 사회적 약자의 노동은 특별한 보호를 받는다.

⑧ 국가는 국가유공자·상이군경 및 전몰군경(戰歿軍警)·의사자(義死者)의 유가족이 법률로 정하는 바에 따라 노동의 기회를 부여받을 수 있도록 노력해야 한다.

⑨ 국가는 모든 사람이 일과 생활을 균형 있게 영위할 수 있도록 정책을 실시해야 한다.

제34조 ① 노동자는 자주적인 단결권과 단체교섭권을 가진다.

② 노동자는 경제적·사회적 지위 향상 및 노동조건의 유지·개선을 위하여 단체행동권을 가진다.

③ 노동자는 법률의 정하는 바에 의하여 기업 이익의 분배에 균점할 권리가 있다.

④ 노동자는 법률의 정하는 바에 의하여 기업 경영에 참여할 권리가 있다.

⑤ 노동자는 법률의 정하는 바에 의하여 기업에 청원하고 정보를 제공받을 권리가 있다.

⑥ 노동조합의 설립·조직 및 활동은 자유롭고 민주적이어야 한다.

⑦ 국가와 사용자는 노동조합을 탄압하거나 해산할 수 없으며, 운영에 개입할 수 없다.

⑧ 현역 군인과 공무원의 단결권, 단체교섭권과 단체행동권은 법률로 정하는 바에 따라 제한할 수 있다.

⑨ 현역 군인과 공무원은 누구든지 자신이 가입한 노동조합 또는 직능단체를 위한 활동을 이유로 법률이 정하지 않은 직무상 처분을 받거나 불이익한 대우를 받지 않는다.

제35조 ① 모든 사람은 인간다운 생활을 할 권리를 가진다. 국가는 법률이 정하는 바에 따라 기본소득에 관한 시책을 강구해야 한다.

② 모든 국민은 장애·질병·노령·실업·빈곤 또는 기타 불가항력의 상황 등으로 초래되는 사회적 위험에서 벗어나 적정한 삶의 질을 유지할 수 있도록 사회보

장을 받을 권리를 가진다.

③ 모든 국민은 임신·출산·양육과 관련하여 국가의 지원을 받을 권리를 가진다.

④ 모든 국민은 쾌적하고 안정적인 주거생활을 할 권리를 가진다. 국가는 법률이 정하는 바에 따라 국민이 수긍할 수 있는 주거를 제공해야 한다.

⑤ 모든 국민은 관계 법령에서 정하는 바에 따라 사회보장수급권을 가진다.

⑥ 모든 국민은 건강하게 살 권리를 가진다. 국가는 질병을 예방하고 보건의료 제도를 개선해야 한다.

⑦ 식생활은 사람이 살아가는데 기본적인 행복으로 국가는 다양한 식생활을 존중해야 한다.

⑧ 국가는 법률에 정하지 않는다면 특정 의복 착용을 강요할 수 없다.

제36조 ① 어린이와 청소년은 독립된 인격주체로서 존중과 보호를 받을 권리가 있으며, 어린이와 청소년에 대한 모든 공적·사적 조치는 어린이와 청소년의 이익을 우선적으로 고려해야 한다.

② 어린이와 청소년은 자유롭게 의사를 표현하며, 자신에게 영향을 주는 결정에 참여할 권리를 가진다.

③ 어린이와 청소년은 차별받지 아니하며, 부모와 가족 그리고 사회공동체 및 국가의 보살핌을 받을 권리를 가진다.

④ 어린이와 청소년은 모든 형태의 학대와 방임, 폭력과 착취로부터 보호받으며 적절한 휴식과 여가를 누릴 권리를 가진다.

⑤ 노인은 존엄한 삶을 누리고 정치적·경제적·사회적·문화적 생활에 참여할 권리를 가진다.

⑥ 장애인은 존엄하고 자립적인 삶을 누리며, 모든 영역에서 동등한 기회를 얻고 참여할 권리를 가진다.

⑦ 국가는 장애를 가진 사람에게 법률에 따라 자신이 가진 능력을 최대한으로 개발하고 경제활동이 가능하도록 적극적으로 지원해야 한다.

⑧ 국가는 장애를 가진 사람들의 사회적 통합을 추구하며 사회참여를 보장하여야 한다.

⑨ 국가는 고용, 노동, 복지, 재정 등 모든 영역에서 성평등을 보장해야 한다.

제37조 ① 모든 사람은 안전할 권리를 가진다.

② 모든 사람은 안전한 사회를 만들기 위해 참여할 권리를 가진다.

③ 모든 사람은 재난을 초래한 환경과 이유를 포함한 진실에 대해 알 권리를 가진다.

④ 재난으로 인해 손해를 입은 사람은 보호받을 권리가 있으며, 국가는 법률이 정하는 바에 따라 사과와 배상을 받을 수 있도록 지원해야 한다.

⑤ 누구든지 재난으로 생명을 잃은 사람을 충분히 애도할 권리를 가지며, 손해를 입은 사람의 아픔에 동참하고 정의를 위해 행동할 권리를 가진다.

⑥ 국가와 국민은 재난 및 모든 형태의 폭력에 의한 피해를 예방하고, 그 위험으로부터 사람을 보호해야 한다.

⑦ 국가는 모든 역량을 동원하여 재난에 처한 사람을 구조하고 이들의 안전을 확보하기 위해 최선을 다해야 하며, 구조에 있어서 그 어떤 차별도 있어서는 안 된다.

⑧ 국가는 필요할 경우 법률이 정하는 바에 따라 재난이 해결되는 전 과정을 기록해야 한다.

⑨ 국가는 유사한 재난이 반복되지 않도록 노력해야 한다.

제38조 ① 모든 사람은 건강하고 쾌적한 환경에서 생활할 권리를 가진다. 구체적인 내용은 법률로 정한다.

② 국가는 모든 생명체의 소중함을 인식하고 필요한 보호 정책을 시행해야 한다.

③ 국가는 기후변화에 대처하고, 에너지의 생산과 소비의 정의를 위해 노력하여야 한다.

④ 국가는 지구생태계와 미래세대에 대한 책임을 지고, 환경을 지속가능하게 보전하여야 한다.

⑤ 모든 국민은 자연을 보호해야 할 의무가 있다.

제39조 ① 혼인과 가족생활은 개인의 존엄과 평등을 바탕으로 성립되고 유지되어야 하며, 국가는 이를 보장한다.

② 혼인과 가족생활의 형태에 따라 차별할 수 없다.

③ 누구든지 혼인하거나 하지 않을 것을 강요받지 않는다.

④ 혼인이 가능한 연령은 법률로 정한다.

⑤ 근친혼은 인정되지 아니한다.

⑥ 중혼은 인정되지 아니한다.

⑦ 인간 이외의 대상과는 혼인할 수 없다.

⑧ 인간 이외의 대상과는 가족관계를 구성할 수 없다.

제40조 ① 자유와 권리는 헌법에 구체적으로 열거되지 않았다는 이유로 경시되지 않는다.

② 모든 자유와 권리는 국가안전보장 혹은 공공복리를 위하여 필요한 경우에만 법률로써 제한할 수 있으며, 제한하는 경우에도 자유와 권리의 본질적인 내용을 침해할 수 없다.

③ 국가안전보장 혹은 공공복리를 위하여 자유와 권리를 제한할 경우 법률에 따라 보상해야 한다.

제41조 ① 모든 사람은 법률로 정하는 바에 따라 납세의 의무를 진다.

② 국가는 납세의 의무를 이행하는 사람이 불이익한

처우를 받지 않도록 하여야 한다.

　제42조 ① 모든 국민은 법률로 정하는 바에 따라 국방의 의무를 진다.

　② 국가는 국방의 의무를 이행하는 국민의 인권을 보장하기 위한 정책을 시행해야 한다.

　③ 국가는 국방의 의무를 이행하는 국민에게 적정한 보상을 하여야 한다.

　④ 국가는 국방의 의무를 이행하는 국민이 불이익한 처우를 받지 않도록 하여야 한다.

　⑤ 누구든지 양심에 반하여 병역을 강제 받지 아니하고, 법률이 정하는 바에 의하여 대체복무를 할 수 있다.

제3장 대통령

제43조 ① 대통령은 국가를 대표한다.

② 대통령은 국가의 독립과 계속성을 유지하고, 영토를 보존하며, 헌법을 수호할 책임과 의무를 진다.

제44조 ① 대통령은 국회에서 선거한다.

② 제1항의 선거에서 유효투표 총수의 과반수를 얻은 사람을 당선자로 한다.

③ 대통령 후보자가 1명인 경우 국회 재적의원 과반수의 찬성을 얻지 못하면 대통령으로 당선될 수 없다.

④ 대통령으로 선거될 수 있는 사람은 대한민국 태생이고 국회의원의 피선거권이 있어야 한다.

⑤ 대통령 선거에 관한 사항은 법률로 정한다.

제45조 ① 대통령의 임기가 만료되는 경우 임기만료 70일 전부터 40일 전 사이에 후임자를 선거한다.

② 대통령이 궐위(闕位)된 경우 또는 당선자가 사망하거나 판결, 그 밖의 사유로 그 자격을 상실한 경우 60일 이내에 후임자를 선거한다.

③ 결선투표는 제1항 및 제2항에 따른 첫 선거일부터 14일 이내에 실시한다.

제46조 대통령은 취임에 즈음하여 다음의 선서를 한다.

"나는 헌법을 준수하고 인권을 존중하며 국가를 지키고 국민의 자유와 복리의 증진 및 문화 융성에 노력하여 대통령으로서 맡은 직책을 성실히 수행할 것을 국민 앞에 엄숙히 선서합니다."

제47조 ① 대통령의 임기는 4년으로 한다.

② 대통령이 궐위된 경우의 후임자는 전임자의 잔임 기간만 재임한다.

③ 대통령은 1차에 한하여 중임할 수 있다.

제48조 ① 대통령이 궐위되거나 질병·사고 등으로

직무를 수행할 수 없는 경우 국회의장, 국무총리, 대법
원장 순으로 대행한다.

② 대통령이 사임하려고 하거나 질병·사고 등으로
직무를 수행할 수 없는 경우 대통령은 그 사정을 제1항
에 따라 권한대행을 할 사람에게 서면으로 미리 통보해
야 한다.

③ 제2항의 서면 통보가 없는 경우 권한대행의 개시
여부에 대한 최종적인 판단은 국무총리가 국무회의의
심의를 거쳐 헌법위원회에 신청하여 그 결정에 따른다.

④ 권한대행의 지위는 대통령이 복귀 의사를 서면으
로 통보한 때에 종료된다. 다만, 복귀한 대통령의 직무
수행 가능 여부에 대한 다툼이 있을 때에는 대통령, 국
회의장, 국무총리, 대법원장이 헌법위원회에 신청하여
그 결정에 따른다.

⑤ 제1항에 따라 대통령의 권한을 대행하는 사람은
그 직을 유지하는 한 대통령 선거에 입후보할 수 없다.

⑥ 대통령의 권한대행에 관하여 필요한 사항은 법률
로 정한다.

제49조 대통령은 국무회의 의결에 따라 조약을 체결·비준하고, 외교사절을 신임·접수 또는 파견하며, 선전포고와 강화를 한다.

제50조 ① 대통령은 헌법과 법률로 정하는 바에 따라 내각의 조언을 통해 국군을 통수한다.

② 국군의 조직과 편성은 법률로 정한다.

제51조 ① 대통령은 내우외환, 천재지변 또는 중대한 재정·경제상의 위기에 국가의 안전보장이나 공공의 안녕질서를 유지하기 위하여 긴급한 조치가 필요하고 국회의 집회를 기다릴 여유가 없을 때에만 최소한으로 필요한 재정·경제상의 처분을 하거나 이에 관하여 법률의 효력을 가지는 명령을 국무회의 의결에 따라 발할 수 있다.

② 대통령은 국가의 안위에 관계되는 중대한 교전 상태에서 국가를 보위하기 위하여 긴급한 조치가 필요함에도 국회의 집회가 불가능한 경우에만 법률의 효력을 가지는 명령을 국무회의 의결에 따라 발할 수 있다.

③ 대통령은 제1항과 제2항의 처분이나 명령을 한 경우 지체 없이 국회에 보고하여 승인을 받아야 한다.

④ 제3항의 승인을 받지 못한 때에는 그 처분이나 명령은 그 때부터 효력을 상실한다. 이 경우 그 명령에 따라 개정되었거나 폐지되었던 법률은 그 명령이 승인을 받지 못한 때부터 당연히 효력을 회복한다.

⑤ 대통령은 제3항과 제4항의 사유를 지체 없이 공포해야 한다.

제52조 ① 대통령은 전시·사변 또는 이에 준하는 국가비상사태에 병력으로써 군사상의 필요에 응하거나 공공의 안녕질서를 유지할 필요가 있을 때에는 법률로 정하는 바와 국무회의 의결에 따라 계엄을 선포할 수 있다.

② 계엄이 선포된 경우 법률로 정하는 바에 따라 영장제도, 언론·출판·집회·결사의 자유, 정부나 법원의 권한에 관하여 특별한 조치를 할 수 있다.

③ 계엄을 선포한 경우 대통령은 지체 없이 국회에 통고해야 한다.

④ 계엄이 선포되면 국회는 즉시 소집되며 이를 방해

할 수 없다.

⑤ 국회가 재적의원 과반수의 찬성으로 계엄의 해제를 요구하면 대통령은 계엄을 해제해야 한다.

제53조 ① 대통령은 법률로 정하는 바와 국무회의 의결에 따라 사면·감형 또는 복권을 명할 수 있다.

② 사면을 명하려면 국회의 동의를 받아야 한다.

③ 사면·감형과 복권에 관한 사항은 법률로 정한다.

제54조 대통령은 헌법과 법률의 정하는 바에 따라 공무원의 임면을 확인한다.

제55조 대통령은 법률로 정하는 바와 국무회의 의결에 따라 훈장을 비롯한 영전을 수여한다.

제56조 대통령은 헌법과 법률이 정하는 바에 따라 국회에 출석하여 발언하거나 문서로 의견을 표시할 수 있다.

제57조 대통령의 국법상 행위는 문서로써 한다.

제58조 대통령은 국회의원, 법관, 그 밖에 법률로 정하는 공사(公私)의 직을 겸할 수 없다.

제59조 대통령은 내란 또는 외환의 죄를 범한 경우를 제외하고는 재직 중 형사상의 소추를 받지 않는다.

제60조 전직 대통령의 신분과 예우에 관한 사항은 법률로 정한다.

제4장 국회

제61조 입법권은 국회에 있다.

제62조 ① 국회는 국민이 보통 · 평등 · 직접 · 비밀 선거로 선출한 국회의원으로 구성한다.

② 국회의원의 수는 법률로 정하되, 300명 이상으로 한다.

③ 국회의원의 선거구와 비례대표제, 그 밖에 선거에 관한 사항은 법률로 정한다.

제63조 ① 국회의원의 임기는 4년으로 한다. 단, 국회가 해산된 때에는 그 임기는 해산과 동시에 종료한다.

② 국무총리가 국회해산을 통보할 경우 통보일로부터 40일 후에 국회가 해산된다.

③ 제2항에 따라 선거를 할 경우 통보일로부터 30일 이내에 선거를 해야 한다.

④ 제2항에 따라 선거를 할 경우 국회의원의 임기는 해산된 국회의 잔임기간으로 한다.

⑤ 국회의원의 임기가 100일 이내로 남아있을 경우 국회는 해산되지 않는다.

⑥ 국민은 국회의원을 소환할 수 있다. 소환의 요건과 절차 등 구체적인 사항은 법률로 정한다.

⑦ 국무총리가 국회해산을 통보한 경우 국회는 국무총리의 동의 없이 법률안을 제정하거나 개정할 수 없다.

제64조 국회의원은 법률로 정하는 직(職)을 겸할 수 없다.

제65조 ① 국회의원은 현행범인인 경우를 제외하고는 국회의 동의 없이 체포되거나 구금되지 않는다.

② 국회의원이 체포되거나 구금된 경우 국회의 요구가 있으면 석방된다.

③ 국회의장은 재적의원 4분의 3 이상의 동의 없이는 어떠한 경우에도 체포되거나 구금되지 않는다.

제66조 국회의원은 국회에서 직무상 발언하거나 표결한 것에 관하여 국회 밖에서 책임을 지지 않는다.

제67조 ① 국회의원은 청렴해야 할 의무를 진다.

② 국회의원은 국가이익을 우선하여 양심에 따라 직무를 수행한다.

③ 국회의원은 그 지위를 남용하여 국가·공공단체 또는 기업체와의 계약이나 그 처분에 따라 재산상의 권리·이익 또는 직위를 취득하거나 타인을 위하여 그 취득을 알선할 수 없다.

제68조 국회는 의장 1명과 부의장 1명을 선출한다.

제69조 국회는 헌법 또는 법률에 특별한 규정이 없으면 재적의원 과반수의 출석과 출석의원 과반수의 찬성으로 의결한다. 가부동수일 때에는 의장이 결정한다.

제70조 ① 국회의 회의는 공개한다. 다만, 출석의원 과반수의 찬성이 있거나 국회의장이 국가의 안전보장을

위하여 필요하다고 인정할 때에는 공개하지 않을 수 있다.

② 공개하지 않은 회의 내용의 공표에 관하여는 법률로 정한다.

제71조 ① 국회의원과 국민은 법률안을 제출할 수 있다.

② 법률안이 지방자치와 관련되는 경우 국회의장은 지방의회에 이를 통보해야 하며, 해당 지방의회는 그 법률안에 대하여 의견을 제시할 수 있다. 구체적인 사항은 법률로 정한다.

③ 국민의 법률안 제출의 요건과 절차 등 구체적인 사항은 법률로 정한다.

제72조 ① 국회에서 의결된 법률안은 내각에 이송된 날부터 10일 이내에 대통령이 공포한다.

② 법률은 특별한 규정이 없으면 공포한 날부터 10일이 지나면 효력이 생긴다.

제73조 ① 국회는 내각을 불신임할 수 있다.

② 제1항에 따라 불신임하려면 국회 재적의원 3분의 1 이상이 발의하고 국회 재적의원 과반수가 찬성해야 한다.

③ 국무총리가 속한 정당의 국회의원은 불신임안을 발의하거나 찬성할 수 없다.

④ 제1항에 따라 불신임안이 발의되면 국무총리가 속한 정당의 국회의원은 불신임안에 반대한 것으로 간주한다.

⑤ 국무총리가 속하지 아니하고 국무부총리나 국무위원이 속한 정당의 국회의원이 불신임안을 발의하거나 찬성하려면 국무부총리나 국무위원을 정당에서 제명하거나 그 직을 사임시켜야 하며 이를 하지 않는 경우 제4항에 따라 반대한 것으로 간주한다.

제74조 ① 국회는 국가의 예산안을 심의하여 예산법률로 확정한다.

② 내각은 회계연도마다 예산안을 편성하여 회계연도 개시 100일 전까지 국회에 제출하고, 국회는 회계연도

개시 30일 전까지 예산법률안을 의결해야 한다.

③ 새로운 회계연도가 개시될 때까지 예산법률이 효력을 발생하지 못한 경우 내각은 예산법률이 효력을 발생할 때까지 다음의 목적을 위한 경비를 전년도 예산법률에 준하여 집행할 수 있다.

1. 헌법이나 법률에 따라 설치한 기관이나 시설의 유지·운영

2. 법률로 정하는 지출 의무의 실행

3. 이미 예산법률로 승인된 사업의 계속

④ 예산안의 심의와 예산법률안의 의결 등에 필요한 사항은 법률로 정한다.

제75조 ① 한 회계연도를 넘어 계속하여 지출할 필요가 있는 경우 내각은 연한(年限)을 정하여 계속비로서 국회의 의결을 거쳐야 한다.

② 예비비는 총액으로 국회의 의결을 거쳐야 한다. 예비비의 지출은 차기 국회의 승인을 받아야 한다.

제76조 내각은 예산법률을 개정할 필요가 있는 경우

추가경정예산안을 편성하여 국회에 제출할 수 있다.

제77조 국채를 모집하거나 예산법률 외에 국가의 부담이 될 계약을 맺으려면 내각은 미리 국회의 의결을 거쳐야 한다.

제78조 조세의 종목과 세율은 법률로 정한다.

제79조 ① 국회는 다음 조약의 체결·비준에 대한 동의권을 가진다.

1. 상호원조나 안전보장에 관한 조약
2. 중요한 국제조직에 관한 조약
3. 우호통상항해조약
4. 주권의 제약에 관한 조약
5. 강화조약(講和條約)
6. 국가나 국민에게 중대한 재정 부담을 지우는 조약
7. 입법사항에 관한 조약
8. 그 밖에 법률로 정하는 조약

② 국회는 선전포고, 국군의 외국 파견 또는 외국 군

대의 대한민국 영역 내 주류(駐留)에 대한 동의권을 가진다.

제80조 ① 국회는 국정을 감사하거나 특정한 국정사안에 대하여 조사할 수 있으며, 이에 필요한 서류의 제출, 증인의 출석, 증언, 의견의 진술을 요구할 수 있다.

② 국정감사와 국정조사의 절차, 그 밖에 필요한 사항은 법률로 정한다.

제81조 ① 국무총리, 국무부총리, 국무위원, 정부위원은 국회나 그 위원회에 출석하여 국정 처리 상황을 보고하거나 의견을 진술하고 질문에 응답할 수 있다.

② 국회나 그 위원회에서 요구하면 국무총리, 국무부총리, 국무위원, 정부위원은 출석하여 답변해야 한다. 다만, 국무총리, 국무부총리, 국무위원이 출석 요구를 받은 경우 국무부총리, 국무위원, 정부위원이 출석·답변하게 할 수 있다.

제82조 ① 국회는 대법원장, 부대법원장, 대법관을 해

임할 수 있다.

② 제1항에 따라 해임하려면 국회 재적의원 과반수가 발의하고 국회 재적의원 3분의 2 이상이 찬성해야 한다.

제83조 ① 국회는 법률에 위반되지 않는 범위에서 의사와 내부 규율에 관한 규칙을 제정할 수 있다.

② 국회는 국회의원의 자격을 심사하며, 국회의원을 징계할 수 있다.

③ 국회의원을 제명하려면 국회 재적의원 4분의 3 이상이 찬성해야 한다.

④ 제2항과 제3항의 처분에 대해서는 법원에 제소할 수 없다.

제84조 ① 대통령, 헌법위원회 위원, 선거위원회 위원, 인권위원회 위원, 기타 법률이 정한 공무원이 직무를 집행하면서 헌법이나 법률을 위반한 경우 국회는 탄핵의 소추를 의결할 수 있다.

② 제1항의 탄핵소추를 하려면 국회 재적의원 3분의

1 이상 또는 국회의원 선거권자 10분의 1 이상의 찬성으로 발의하고 국회 재적의원 과반수가 찬성해야 한다. 다만, 대통령에 대한 탄핵소추는 국회 재적의원 과반수 또는 국회의원 선거권자 10분의 2 이상의 찬성으로 발의하고 국회 재적의원 3분의 2 이상이 찬성해야 한다.

③ 탄핵소추의 의결을 받은 사람은 탄핵심판이 있을 때까지 권한을 행사하지 못한다.

④ 탄핵결정은 공직에서 파면하는 데 그친다. 그러나 파면되더라도 민사상 또는 형사상 책임이 면제되지는 않는다.

제85조 국가의 세입·세출의 결산, 국가·지방정부 및 법률로 정하는 단체의 회계검사, 법률로 정하는 국가·지방정부의 기관 및 공무원의 직무에 관한 감찰을 하기 위하여 국회 산하에 감사원을 둔다.

제86조 ① 감사원은 원장을 포함한 9명의 감사위원으로 구성하며, 감사위원은 국회의장이 임명한다.

② 제1항에 따라 감사위원을 임명하려면 국회 재적

의원 과반수가 발의하고 국회 재적의원 3분의 2 이상이 찬성해야 한다.

③ 감사원장과 감사위원의 임기는 4년으로 한다. 다만, 감사위원으로 재직 중인 사람이 감사원장으로 임명되는 경우 그 임기는 감사위원 임기의 남은 기간으로 한다.

④ 감사위원은 정당에 가입하거나 정치에 관여할 수 없다.

⑤ 감사위원을 해임하려면 국회 재적의원 과반수가 발의하고 국회 재적의원 3분의 2 이상이 찬성해야 한다.

제87조 감사원은 세입·세출의 결산을 매년 검사하여 다음 연도 국회에 그 결과를 보고해야 한다.

제88조 ① 감사원은 법률에 위반되지 않는 범위에서 감사에 관한 절차, 감사원의 내부 규율과 감사사무 처리에 관한 규칙을 제정할 수 있다.

② 감사원의 조직, 직무 범위, 감사위원의 자격, 감사

대상 공무원의 범위, 그 밖에 필요한 사항은 법률로 정한다.

제5장 정부

제1절 내각

제89조 ① 행정권은 국무총리를 수반으로 하는 내각에 있다.

② 국무총리는 국회의원 중에서 국회 재적의원 과반수의 동의를 얻어 선출한다.

③ 국무총리가 사고로 인하여 직무를 수행할 수 없을 때에는 국무부총리와 법률의 정하는 순서에 따라 국무위원이 그 권한을 대행한다.

④ 국무총리가 국회의원의 직위를 상실할 경우 퇴직된다.

제90조 ① 국무부총리와 국무위원은 국회의원 중에서 국무총리가 지명하여 대통령이 임명한다.

② 국무부총리는 국정에 관하여 국무총리를 보좌한

다.

③ 국무위원은 국무회의의 구성원으로서 국정을 심의
한다.

④ 국무부총리와 국무위원이 국회의원의 직위를 상실
할 경우 퇴직된다.

제91조 국무총리는 필요하다고 인정할 경우 국가 안
위에 관한 중요 정책을 국민투표에 부칠 수 있다.

제92조 국무총리는 법률에서 구체적으로 범위를 정하
여 위임받은 사항과 법률을 집행하는 데 필요한 사항에
관하여 국무총리령을 발(發)할 수 있다.

제93조 국무총리는 헌법과 법률로 정하는 바에 따라
공무원을 임면(任免)한다.

제94조 ① 국무총리는 국회가 내각을 불신임한 경우
국회를 해산할 수 있다.

② 제1항에 따라 국회해산을 결의하지 않는 한 내각

은 10일 이내에 총사퇴해야 한다.

③ 국무총리는 국회가 내각을 불신임하지 않으면 국회를 해산할 수 없다.

제2절 국무회의와 국가자치분권회의

제95조 ① 국무회의는 내각의 권한에 속하는 중요한 정책을 심의한다.

② 국무회의는 국무총리와 15명 이상 30명 이하의 국무위원으로 구성한다.

③ 국무총리는 국무회의의 의장이 되고, 국무부총리는 부의장이 된다.

제96조 다음 사항은 국무회의의 심의를 거쳐야 한다.
 1. 국정의 기본계획과 내각의 일반 정책
 2. 선전(宣戰), 강화, 그 밖에 중요한 대외 정책
 3. 헌법 개정안, 국민투표안, 조약안, 국무총리령안
 4. 국회해산에 관한 사항
 5. 내각 총사퇴에 관한 사항

6. 예산안, 결산, 국유재산 처분의 기본계획, 국가에 부담이 될 계약, 그 밖에 재정에 관한 중요 사항

7. 긴급명령, 긴급재정경제처분 및 명령, 계엄의 선포와 해제

8. 군사에 관한 중요 사항

9. 영전 수여

10. 사면·감형과 복권

11. 행정각부 간의 권한 획정

12. 내각 안의 권한 위임 또는 배정에 관한 기본계획

13. 국정 처리 상황의 평가·분석

14. 행정각부의 중요 정책 수립과 조정

15. 정당 해산의 제소

16. 내각에 제출되거나 회부된 내각 정책에 관계되는 청원의 심사

17. 합동참모의장·각군참모총장·국립대학교총장·대사 기타 법률로 정한 공무원과 국영기업체 관리자의 임명

19. 사립대학교에 임시 이사 파견 결정

20. 그 밖에 국무총리나 국무위원이 제출한 사항

제97조 ① 중앙정부와 지방정부 간 협력을 추진하고 지방자치와 지방 간 균형 발전에 관련되는 중요 정책을 심의하기 위하여 국가자치분권회의를 둔다.

② 국가자치분권회의는 국무총리, 국무부총리와 지방행정부의 장으로 구성한다.

③ 국무총리는 국가자치분권회의의 의장이 되고, 국무부총리는 부의장이 된다.

④ 국가자치분권회의의 조직과 운영 등 구체적인 사항은 법률로 정한다.

제3절 행정각부

제98조 행정각부의 장은 국무총리의 제청으로 대통령이 임명한다.

제99조 국무총리 또는 행정각부의 장은 소관 사무에 관하여 법률이나 국무총리령의 위임 또는 직권으로 총

리령 또는 부령을 발할 수 있다.

제100조 행정각부의 설치·조직과 직무 범위는 법률
로 정한다.

제6장 법원

제101조 ① 사법권은 법관으로 구성된 법원에 있다. 국민은 법률로 정하는 바에 따라 배심원 또는 그 밖의 방법으로 재판에 참여할 수 있다.

② 법원은 최고법원인 대법원과 지방법원으로 조직한다.

③ 법관의 자격은 법률로 정한다.

④ 모든 법관은 임용시 국회의 동의를 받아야 한다.

제102조 ① 대법원에 일반재판부와 전문재판부를 둘 수 있다.

② 대법원에 대법관을 둔다. 다만, 법률로 정하는 바에 따라 대법관이 아닌 법관을 둘 수 있다.

③ 대법원과 지방법원의 조직은 법률로 정한다.

제103조 법관은 헌법과 법률에 의하여 그 양심에 따

라 독립하여 공정하게 심판한다.

제104조 ① 대법원장, 부대법원장, 대법관은 법관인 자 중에서 국회 재적의원 3분의 2 이상의 동의를 얻어 선출한다.

② 제1항의 관하여 필요한 사항은 법률로써 정한다.

제105조 ① 대법원장의 임기는 4년으로 하며, 연임할 수 없다.

② 부대법원장과 대법관의 임기는 4년으로 하며, 연임할 수 있다.

③ 대법원장, 부대법원장, 대법관이 궐위된 경우의 후임자는 전임자의 잔임기간 동안 재임한다.

④ 법관의 정년은 법률로 정한다.

제106조 ① 법관은 국회 혹은 지방의회의 의결을 통한 해임 혹은 국민 심사에서 의하거나 금고 이상의 형을 선고받지 않고는 파면되지 않으며, 징계처분에 의하지 않고는 해임, 정직, 감봉, 그 밖의 불리한 처분을 받

지 않는다.

② 법관이 중대한 심신상의 장해로 직무를 수행할 수 없을 때는 법률로 정하는 바에 따라 퇴직하게 할 수 있다.

③ 국민은 법관을 소환할 수 있다. 소환의 요건과 절차 등 구체적인 사항은 법률로 정한다.

④ 제3항에 따라 소환을 받은 법관은 결과를 공표할 때까지 권한을 행사하지 못한다.

⑤ 대법원장, 부대법원장, 대법관은 임명 후 처음으로 행해지는 지방선거 때 국민의 심사를 부친다.

⑥ 국민의 심사에 부쳐진 법관에 대해 투표자의 3분의 2 이상이 법관의 파면을 찬성하는 경우 그 법관은 파면된다.

제107조 ① 법률이 헌법에 위반되는지가 재판의 전제가 된 경우 법원은 헌법위원회에 제청하여 그 심판에 따라 재판한다.

② 제1항의 심판에 대해 대법원은 헌법위원회에 의견을 제출할 수 있다.

③ 명령·규칙·조례 또는 자치규칙이 헌법이나 법률에 위반되는지가 재판의 전제가 된 경우 대법원은 이를 최종적으로 심사할 권한을 가진다.

④ 재판의 전심절차로서 행정심판을 할 수 있다. 행정심판의 절차는 법률로 정하되, 사법절차가 준용되어야 한다.

제108조 대법원은 법률에 위반되지 않는 범위에서 소송에 관한 절차, 법원의 내부 규율과 사무 처리에 관한 규칙을 제정할 수 있다.

제109조 재판의 심리와 판결은 공개한다. 다만, 심리는 인권을 침해할 염려가 있거나 국가의 안전보장을 위협할 때는 법원의 결정으로 공개하지 않을 수 있다.

제7장 헌법위원회

제110조 ① 헌법위원회는 다음 사항을 관장한다.

 1. 법원의 제청에 의한 법률의 위헌 여부 심판

 2. 탄핵의 심판

 3. 정당의 해산 심판

 4. 국가기관 상호 간, 국가기관과 지방정부 간, 지방정부 상호 간의 권한쟁의에 관한 심판

 5. 법률로 정하는 헌법소원에 관한 심판

 6. 대통령 권한대행의 개시 또는 대통령의 직무 수행 가능 여부에 관한 심판

 7. 그 밖에 법률로 정하는 사항에 관한 심판

 ② 헌법위원회는 국회에서 선출하는 9명의 위원으로 구성한다. 위원장은 위원 중에서 호선한다.

 ③ 제2항에 따라 국회에서 위원을 선출하려면 국회 재적의원 3분의 2 이상의 동의를 얻어야 한다.

 ④ 헌법위원회의 법률 해석과 대법원의 법률 해석이

상충할 경우 헌법위원회의 법률 해석을 우선한다.

제111조 ① 위원의 임기는 4년으로 하며, 중임할 수 없다.

② 위원은 정당에 가입하거나 정치에 관여할 수 없다.

③ 위원은 탄핵되거나 금고 이상의 형을 선고받지 않고는 파면되지 않는다.

제112조 ① 헌법위원회는 법률에 위반되지 않는 범위에서 심판에 관한 절차, 내부 규율과 사무 처리에 관한 규칙을 제정할 수 있다.

② 헌법위원회의 조직과 운영, 그 밖에 필요한 사항은 법률로 정한다.

제8장 선거위원회

제113조 ① 선거위원회는 다음 사항을 관장한다.

1. 국가와 지방정부의 선거에 관한 사무

2. 국민발안, 국민투표, 국민소환의 관리

3. 정당과 정치자금에 관한 사무

4. 주민발안, 주민투표, 주민소환의 관리

5. 그 밖에 법률로 정하는 사무

② 선거위원회는 국회에서 선출하는 9명의 위원으로 구성한다. 위원장은 위원 중에서 호선한다.

③ 제2항에 따라 국회에서 위원을 선출하려면 국회 재적의원 3분의 2 이상의 동의를 얻어야 한다.

제114조 ① 위원의 임기는 4년으로 하며, 중임할 수 없다.

② 위원은 정당에 가입하거나 정치에 관여할 수 없다.

③ 위원은 탄핵되거나 금고 이상의 형을 선고받지 않고는 파면되지 않는다.

제115조 ① 선거위원회는 법률에 위반되지 않는 범위에서 소관 사무의 처리와 내부 규율에 관한 규칙을 제정할 수 있다.

② 선거위원회의 조직, 직무 범위, 그 밖에 필요한 사항은 법률로 정한다.

제116조 ① 선거위원회는 선거인명부의 작성 등 선거 사무와 국민투표 사무에 관하여 관계 행정기관에 필요한 지시를 할 수 있다.

② 제1항의 지시를 받은 행정기관은 지시에 따라야 한다.

제117조 ① 누구나 자유롭게 선거운동을 할 수 있다. 다만, 후보자 간 공정한 기회를 보장하기 위하여 필요한 경우에만 법률로써 제한할 수 있다.

② 선거에 관한 경비는 법률로 정하는 경우를 제외하

고는 정당이나 후보자에게 부담시킬 수 없다.

③ 선거운동에 드는 경비는 법률로 정하는 바에 따라 후보자에게 지원해야 한다.

제9장 인권위원회

제118조 ① 인권위원회는 다음 사항을 관장한다.

1. 인권에 관한 법령·제도·정책·관행의 조사와 연구 및 그 개선이 필요한 사항에 관한 권고 또는 의견의 표명

2. 인권침해행위에 대한 조사와 구제

3. 차별행위에 대한 조사와 구제

4. 인권상황에 대한 실태 조사

5. 인권에 관한 교육 및 홍보

6. 인권침해의 유형, 판단 기준 및 그 예방 조치 등에 관한 지침의 제시 및 권고

7. 국제인권조약 가입 및 그 조약의 이행에 관한 연구와 권고 또는 의견의 표명

8. 인권의 옹호와 신장을 위하여 활동하는 단체 및 개인과의 협력

9. 인권과 관련된 국제기구 및 외국 인권기구와의 교

류 · 협력

10. 그 밖에 인권의 보장과 향상을 위하여 법률로 정하는 사항

② 인권위원회는 국회에서 선출하는 9명의 위원으로 구성한다. 위원장은 위원 중에서 호선한다.

③ 제2항에 따라 국회에서 위원을 선출하려면 국회 재적의원 3분의 2 이상의 동의를 얻어야 한다.

제119조 ① 위원의 임기는 4년으로 하며, 중임할 수 없다.

② 위원은 정당에 가입하거나 정치에 관여할 수 없다.

③ 위원은 탄핵되거나 금고 이상의 형을 선고받지 않고는 파면되지 않는다.

④ 위원은 법률이 정하는 바에 따라 직무를 수행하는 과정에서 발언과 의결에 관하여 고의 또는 과실이 없으면 민사상 또는 형사상의 책임을 지지 않는다.

제120조 ① 인권위원회는 법률에 위반되지 않는 범위

에서 심판에 관한 절차, 내부 규율과 사무 처리에 관한 규칙을 제정할 수 있다.

② 인권위원회의 조직과 운영, 그 밖에 필요한 사항은 법률로 정한다.

제10장 지방자치

제121조 ① 지방정부의 자치권은 주민에 속한다. 주민은 자치권을 직접 또는 지방정부를 통해 행사한다.

② 지방정부의 종류와 구역 등 지방정부에 관한 주요 사항은 법률로 정한다.

③ 주민발안, 주민투표 및 주민소환에 관하여 그 대상, 요건 등 기본적인 사항은 법률로 정하고, 구체적인 내용은 조례로 정한다.

④ 국가와 지방정부 간, 지방정부 상호 간 사무의 배분은 주민에게 가까운 지방정부가 우선한다는 원칙에 따라 법률로 정한다.

제122조 ① 지방정부에 주민이 보통·평등·직접·비밀 선거로 구성하는 지방의회와 법률에 따라 구성하는 지방법원을 둔다.

② 지방정부의 조직과 운영에 관한 기본적인 사항은

법률로 정하고, 구체적인 내용은 조례로 정한다.

③ 지방행정부의 장은 법률 또는 조례를 집행하기 위하여 필요한 사항과 법률 또는 조례에서 구체적으로 범위를 정하여 위임받은 사항에 관하여 자치규칙을 정할 수 있다.

④ 지방법원의 장은 법률 또는 조례를 집행하기 위하여 필요한 사항과 법률 또는 조례에서 구체적으로 범위를 정하여 위임받은 사항에 관하여 자치규칙을 정할 수 있다.

제123조 ① 지방의회는 법률에 위반되지 않는 범위에서 주민의 자치와 복리에 필요한 사항에 관하여 조례를 제정할 수 있다.

② 지방의회는 국회에 법률 제정을 건의할 수 있다.

③ 지방의회는 지방법원의 장을 해임할 수 있다.

④ 제3항에 따라 해임하려면 지방의회 재적의원 과반수가 발의하고 지방의회 재적의원 3분의 2 이상이 찬성해야 한다.

제124조 ① 지방정부는 자치사무의 수행에 필요한 경비를 스스로 부담한다. 국가 또는 다른 지방정부가 위임한 사무를 집행하는 경우 그 비용은 위임하는 국가 또는 다른 지방정부가 부담한다.

② 지방의회는 법률에 위반되지 않는 범위에서 자치세의 종목과 세율, 징수 방법 등에 관한 조례를 제정할 수 있다.

③ 조세로 조성된 재원은 국가와 지방정부의 사무 부담 범위에 부합하게 배분해야 한다.

④ 국가와 지방정부 간, 지방정부 상호 간에 법률로 정하는 바에 따라 적정한 재정조정을 시행한다.

제11장 경제

제125조 ① 대한민국의 경제질서는 모든 국민에게 인간으로서 존엄과 가치를 보장할 수 있도록 균형있는 국민경제의 발전을 기함을 기본으로 삼는다.

② 국가는 경제의 성장 및 안정과 적정한 소득의 분배를 유지하고, 시장의 지배와 경제력의 집중과 남용을 방지하며, 여러 경제주체의 참여, 상생 및 협력이 이루어지도록 경제에 관한 규제와 조정을 하여야 한다.

③ 개인과 기업의 경제상의 자유와 창의는 사회정의의 한도 내에서 보장된다.

④ 국가는 경제적으로 어려운 계층의 경제력 발전을 위해 노력해야 한다.

⑤ 국가는 지방 간의 균형 있는 발전을 위하여 지방 공유자산을 유지, 발전시키며 지방경제를 육성할 의무를 진다.

제126조 ① 국가는 국토와 자원을 보호해야 하며, 지속가능하고 균형 있는 이용·개발과 보전을 위하여 필요한 계획을 수립·시행한다.

② 자연자원은 모든 국민의 공동자산으로서 국가의 보호를 받으며, 국가는 지속가능한 개발과 이용을 위하여 필요한 계획을 수립하고 이를 달성하기 위하여 노력한다.

③ 광물을 비롯한 중요한 지하자원, 해양수산자원, 산림자원, 수력과 풍력 등 경제적으로 이용할 수 있는 자연력은 법률로 정하는 바에 따라 국가가 일정 기간 채취·개발 또는 이용을 특허할 수 있다.

제127조 ① 국가는 농지에 관하여 경자유전(耕者有田)의 원칙이 달성될 수 있도록 노력해야 하며, 농지의 소작제도는 금지된다.

② 농업생산성의 제고와 농지의 합리적인 이용을 위하거나 불가피한 사정으로 발생하는 농지의 임대차와 위탁경영은 법률로 정하는 바에 따라 인정된다.

제128조 ① 국가는 국민 모두의 생산과 생활의 바탕이 되는 국토의 효율적이고 균형 있는 이용·개발과 보전을 도모하고, 토지 투기로 인한 경제왜곡과 불평등을 방지하기 위하여 법률이 정하는 바에 의하여 필요한 제한과 의무를 과한다.

② 국가는 토지의 공공성과 합리적 사용을 위하여 필요한 경우에만 법률로써 특별한 제한을 하거나 의무를 부과하여야 한다.

제129조 ① 국가는 식량의 안정적 공급과 생태 보전 등 농어업의 공익적 기능을 바탕으로 농어촌의 지속가능한 발전과 농어민의 삶의 질 향상을 위한 지원 등 필요한 계획을 수립·시행해야 한다.

② 국가는 농수산물의 수급균형과 유통구조의 개선에 노력하여 가격안정을 도모함으로써 농어민의 이익을 보호한다.

③ 국가는 농어민의 자조조직을 육성해야 하며, 그 조직의 자율적 활동과 발전을 보장한다.

제130조 ① 국가는 중소기업과 소상공인을 보호·육성하고, 협동조합의 육성 등 사회적 경제의 진흥을 위하여 노력해야 한다.

② 국가는 중소기업과 소상공인의 자조조직을 육성해야 하며, 그 조직의 자율적 활동과 발전을 보장한다.

제131조 ① 국가는 안전하고 우수한 품질의 생산품과 용역을 받을 수 있도록 소비자의 권리를 보장해야 하며, 이를 위하여 필요한 정책을 시행해야 한다.

② 국가는 법률로 정하는 바에 따라 소비자운동을 보장한다.

제132조 국가는 호혜적이고 공정한 대외무역을 육성하며, 이를 규제하고 조정할 수 있다.

제133조 민생이나 국방에 필요하여 법률로 정하는 경우를 제외하고는, 사영기업을 국유 또는 공유로 이전하거나 그 경영을 통제 또는 관리할 수 없다.

제134조 ① 국가는 기초 학문을 장려하고 과학기술을 혁신하며 정보와 인력을 개발하는 데 노력해야 한다.

② 국가는 국가표준제도를 확립한다.

제12장 헌법 개정

제135조 ① 헌법 개정의 제안은 국회 재적의원 3분의 1 이상이나 국회의원 선거권자 50분의 1 이상의 찬성으로 한다.

② 대통령의 임기 연장 또는 중임 변경을 위한 헌법 개정은 그 헌법 개정 제안 당시의 대통령에 대해서는 효력이 없다.

제136조 ① 대통령은 제안된 헌법 개정안을 20일 이상 공고해야 한다.

② 국무총리는 제안된 헌법 개정안의 표결을 제헌의회에서 하고자 하는 경우 대통령에게 제헌의회 소집 건의를 할 수 있다.

③ 대통령은 국무총리가 제헌의회 소집 건의를 하면 이를 즉시 소집해야 한다.

④ 제헌의회 의원은 국민이 보통·평등·직접·비밀

선거로 선출하여 구성하되, 그 조직과 운영 기타 필요
한 사항은 법률로 정한다.

제137조 ① 제헌의회는 소집 후 180일 이내로 존속
한다.

② 제헌의회가 소집되면 국회는 즉시 해산하며 국회의
모든 기능과 권한은 제헌의회로 이관된다.

③ 제헌의회가 소집되면 내각은 즉시 총사퇴하며 제헌
의회 의장이 국무총리를 대행하며 새로운 내각을 구성
한다.

④ 제헌의회는 재적의원 과반수의 찬성으로 법관을 파
면할 수 있다.

⑤ 제헌의회는 헌법위원회, 선거위원회, 인권위원회,
지방의회, 지방정부, 지방법원의 권한을 제한할 수 있
다.

⑥ 제헌의회는 제안된 헌법 개정안이 표결에서 부결되
면 헌법 개정안을 수정하여 표결에 다시 부쳐서 의결할
수 있다.

⑦ 제헌의회는 헌법 개정이 확정되면 새로운 헌법에

따라 구성된 국회의 최초 집회일 전일까지 존속하며, 헌법 개정이 국민투표에서 부결되거나 180일 이내로 의결하지 못하면 기존 헌법에 따라 다시 국회를 구성하고 구성된 국회의 최초 집회일 전일까지 존속하며, 그 국회의원의 임기는 기존에 해산된 국회의원 임기의 잔여 임기로 하며, 나머지 헌법상의 기구도 기존 헌법에 따라 다시 구성한다.

제138조 ① 제안된 헌법 개정안은 공고된 날부터 60일 이내에 국회 혹은 제헌의회에서 표결해야 하며, 재적의원 3분의 2 이상의 찬성으로 의결한다.

② 헌법 개정안이 의결한 날부터 30일 이내에 국민투표에 부쳐 국회의원 선거권자 과반수의 투표와 투표자 과반수의 찬성을 얻어야 한다.

③ 헌법 개정안이 제2항의 찬성을 얻은 경우 헌법 개정은 확정되며, 대통령은 즉시 이를 공포해야 한다.

부칙

제1조 ① 이 헌법은 공포한 날부터 시행한다. 다만, 법률의 제정 또는 개정 없이 실현될 수 없는 규정은 그 법률이 시행되는 때부터 시행하되, 늦어도 2026년 8월 15일에는 시행한다.

② 제1항에도 불구하고 이 헌법을 시행하기 위하여 필요한 법률의 제정, 개정, 그 밖에 이 헌법의 시행에 필요한 준비는 이 헌법 시행 전에 할 수 있다.

제2조 ① 이 헌법이 시행되기 전까지는 그에 해당하는 종전의 규정을 적용한다.

② 종전의 헌법에 따라 구성된 지방자치단체, 지방의회, 지방자치단체의 장은 이 헌법 제9장에 따른 지방의회와 지방행정부의 장이 선출되어 지방정부가 구성될 때까지 이 헌법에서 정하는 지방정부, 지방의회, 지방행정부의 장으로 본다.

③ 종전의 헌법에 따라 구성된 교육청은 폐지되어 지방정부에 통합되며 교육감은 직위를 상실한다.

제3조 이 헌법 개정 제안 당시 대통령의 임기는 2026년 8월 14일까지로 하며, 중임할 수 없다.

제4조 이 헌법 개정 제안 당시 국회의원의 임기는 2026년 8월 14일까지로 한다.

제5조 이 헌법 개정 제안 당시 대법원장, 대법관의 임기는 2026년 8월 14일까지로 하며 대법관 중 최선임자는 이 헌법에 의한 부대법원장으로 간주하며 임기는 2026년 8월 14일까지로 한다.

제6조 2022년 6월 1일에 실시하는 선거와 그 재·보궐선거 등으로 선출된 지방의회 의원 및 지방자치단체의 장의 임기는 2028년 8월 14일까지로 한다.

제7조 ① 이 헌법 시행 당시의 공무원은 이 헌법에

따라 임명 또는 선출된 것으로 본다.

② 이 헌법 시행 당시의 감사원장, 감사위원은 이 헌법에 따라 감사원장, 감사위원이 임명될 때까지 그 직무를 수행하며, 임기는 이 헌법에 따라 감사원장, 감사위원이 임명된 날의 전날까지로 한다.

제8조 ① 군사법원은 이 헌법에 따라 폐지한다.

② 군사법원에 계속 중인 사건은 법원으로 이관된 것으로 본다.

제9조 ① 이 헌법 시행 당시의 법령과 조약은 이 헌법에 위반되지 않는 한 그 효력을 지속한다.

② 종전의 헌법에 따라 유효하게 행해진 처분, 행위 등은 이 헌법에 따른 처분, 행위 등으로 본다.

제10조 이 헌법 시행 당시 이 헌법에 따라 새로 설치되는 기관의 권한에 속하는 직무를 수행하고 있는 기관은 이 헌법에 따라 새로운 기관이 설치될 때까지 존속하며 그 직무를 수행한다.

제11조 이 헌법 시행 당시의 지방자치에 관한 규정은 이 헌법에 따른 조례, 자치규칙으로 본다.

제12조 이 헌법 시행과 동시에 사형 판결을 받고 집행되지 않은 자는 무기징역으로 감형한다.

아시아지역학의 이해

발행 2023년 05월 31일

지은이 대한아시아지역학연구회
발행처 주식회사 부크크
출판등록 2014.07.15. (제2014-16호)
발행인 한건희
주소 서울특별시 금천구 가산디지털1로 119 SK트윈타워 A동 305호
이메일 info@bookk.co.kr
전화번호 1670-8316
ISBN 979-11-410-3007-0

값 15,000원